Der kleine Event-Knigge 2100

Dekoration, Feiern, Mottos und das Speisen- und Getränkebuffet

Horst Hanisch

Der Text dieses Buches entspricht der neuen deutschen Rechtschreibung.

Die Ratschläge in diesem Buch sind sorgfältig erwogen, dennoch kann eine Garantie nicht übernommen werden. Eine Haftung des Autors und seiner Beauftragten für Personen-, Sach- und Vermögensschäden ist ausgeschlossen.

Idee und Entwurf: Horst Hanisch, Bonn

Lektorat: Alfred Hanisch, Bad Honnef

Layout und Gestaltung: Guido Lokietek, Würselen; Horst Hanisch, Bonn

Umschlaggestaltung: engine-productions Medienproduktion Christian Spatz, Köln; Horst Hanisch, Bonn

Fotos: Umschlag: Michael Stanullo, Köln; Seite 54: Duni GmbH Bramsche; Seite 60: Verpoorten Original, Bonn; Alle anderen Fotos und Zeichnungen: Horst Hanisch, Bonn

Herstellung und Verlag: Books on Demand GmbH, Norderstedt

ISBN: 3-8334-1308-5

Der kleine Event-Knigge

2100

Dekoration, Feiern, Mottos und das Speisen- und Getränkebuffet

Inhaltsverzeichnis

Grußwort

Organisation ist fast alles!

Ute Jacobs

Geschäftsführende Direktorin Estrel Berlin,
Europas größter Convention-, Entertainment- & Hotel-Komplex

Der Gast steht im Mittelpunkt!

Das Feiern von Festen ist eine der ältesten Traditionen der Menschen. Früher gaben der Wechsel der Jahreszeiten Anlass genug um zu Feiern; heute sind es Firmenjubiläen, Produkteinführungen oder glamouröse Partys. Im Laufe der Zeit ist nicht nur die Vielfalt, sondern auch der qualitative Anspruch an Veranstaltungen gestiegen. Dennoch haben sie – damals wie heute – ein gemeinsames Ziel: Sie sollen den Menschen positiv in Erinnerung bleiben.

Ob Sie nun ein Fest im privaten Rahmen oder eine Veranstaltung im unternehmerischen Sinne organisieren - Events richtig zu planen, ist ein Aufwand, der sich in jedem Fall lohnt. Überlassen Sie deshalb nichts dem Zufall. Schließlich sind Events nur so gut, wie die Arbeit im Vorfeld. Eine liebevoll gestaltete Einladung, das richtige Motto, die entsprechende Dekoration, die Wahl des Raumes, das Angebot an Speisen und Getränken, die aufmerksamen Servicekräfte, das passende Entertainment – die Summe dieser verschiedenen Faktoren ergibt – wie bei einem Mosaik – das Gesamtkunstwerk.

Bei jedem Event sollte der Gast stets im Mittelpunkt stehen: Dieser Aspekt ist in der Unternehmensphilosophie des Estrel Berlin, das jährlich rund 1.600 Veranstaltungen ausrichtet, fest verankert. Wir sind offen für die individuellen Wünsche eines jeden Gastes, auch Außergewöhnliches ist für uns normal. Ein partnerschaftliches Verhältnis mit dem Gast ist uns sehr wichtig, denn Vertrauen und Partnerschaft sind Basis für den gemeinsamen Erfolg!

Und wenn doch etwas schief gehen sollte: Erobern Sie einfach mit Charme die Herzen der Menschen, die Ihnen wichtig sind und Sie können sicher sein, dass Sie und Ihr Event in bester Erinnerung bleiben!

Ute Jacobs

Statt eines Vorworts

Feste feiern, wie Sie fallen?

Wenn ich den Appetit verliere, verliere ich den Verstand

Lucius Lucinius Lukull, röm. Feldherr
(117 – 56 v. Chr.)

Einladungen verteilen und originelle Feste veranstalten

Den Deutschen wird gerne nachgesagt, dass sie leben, um zu arbeiten. Ganz ohne Arbeit geht es ja wohl auch nicht in unserer Kultur.

Aber Arbeit ist eben nicht alles. Etwas Freizeit sei den Menschen auch gegönnt. Und dann darf auch mal gefeiert werden.

Zu zweit, zu viert, aber auch in und mit großen Gruppen.

Feiern, Feste, Events. Obwohl allgemein unter dem Begriff Event eher eine Großveranstaltung verstanden wird, kann auch ein gemütliches Tête-à-Tête zum Event werden. Lassen Sie uns in diesem Ratgeber alle denkbaren Anlässe als Event bezeichnen, ob es sich dabei um Parties, Feten, Feiern, Feste, Galas, Bälle oder andere handelt. Genießen Sie diese Anlässe.

Damit es nicht nur bei den klassischen Käsewürfeln, Trauben und Salzstangen bleibt, werden hier Tipps zu Dekoration und Motto für Veranstaltungen gegeben. Die meisten Angaben eignen sich bei Anlässen in Ihren vier Wänden, wie auch bei Veranstaltungen außer Haus, zum Beispiel in der Gastronomie.

Ein großer Teil wird dem Thema Buffet gewidmet. Vom korrekten Aufbau, bis zur Speisenauswahl, und natürlich auch hier wieder unter Berücksichtigung der Dekoration.

Beschrieben wird aus der Sicht des Gastgebers, der seinen Gästen ein Buffet bietet, und darauf zu achten hat, das Buffet so aufbauen zu lassen, dass die Gäste sich gut zurechtfinden.

Und aus Sicht des Gastes, der wissen darf, wie die Speisen auf einem Buffet korrekt aufgebaut sind. Er weiß dann, welche Art von Speisen (zum Beispiel Vorspeise) an welcher Stelle des Buffets zu finden ist.

Den Leserinnen und Lesern dieses Buches wünsche ich viel Spaß beim Ergänzen und Auffrischen Ihres Wissens.

Horst Hanisch

Teil 1 - Gelungene Feste

Feste und Feiern

Der passende Rahmen für den gegebenen Anlass

Klage eines stillen Zechers: Wenn man betrunken ist, das sieht jeder, bloß, wenn man Durst hat, das sieht keiner

Willy Reichert, dt. Kabarettist (1896 – 1973)

Gründe für Events

Gründe für Feste und Feiern gibt es wohl genug.

Aus welchen Anlässen laden Sie Gäste ein? Anlässe zu einer kleinen oder einer größeren Feier finden sich zahlreiche. Es muss nicht immer nur die goldene Hochzeit sein, um eine Feier ‚standesgemäß' auszurichten. Auch eine weniger wichtige Angelegenheit, wie der Kauf eines neuen Einrichtungsgegenstands könnte Anlass sein, ein - wenn auch kleines - Fest zu veranstalten.

Auch müssen nicht gleich Hunderte geladener Personen anwesend sein, soll ein Fest gegeben werden. Die kleinste Gruppe besteht aus zwei Personen. Und hier finden sich zahlreiche Anlässe, eine kleine, private Feier auszurichten.

Eigene oder fremde Geburtstage

Zur Gestaltung einer Einladungskarte zur eigenen Geburtstagsfeier können Sie Motive wählen, in denen sich die Zahl Ihres Geburts-Tages widerspiegelt, viele lachende Personengesichter, Luftballons und so weiter.

Einladungen zu Kindergeburtstagen sind immer etwas Aufregendes für die Kinder. Die Einladungen sollten bunt und ‚fröhlich' gehalten werden, um die jungen Gäste neugierig machen.

Was halten Sie davon, eines der folgenden Dinge in den Umschlag der Einladungskarte zu legen?

- einen Luftballon,
- eine Süßigkeit,
- eine kleine Clown-Figur oder ein kleines Spielzeug,
- einen Malstift, um die Karte selbst ausmalen zu können, aber auch
- einen Mini-Kuchen oder einen Keks.

Auch die Volljährigkeit, also eine Einladung zum 18. Geburtstag, ist etwas Besonderes im Leben eines jungen Menschen. Deshalb könnte eine Einladung in Form der Zahl 18, eines Führerscheins oder Wahlzettels ‚gestylt' sein. Auch ein Auto-Nummernschild mit den Initialen des Einladenden und oder der Gäste ist sicherlich sehr originell.

Runde Geburtstage

Zu allen ‚runden' Geburtstagen eignen sich als Motive die jeweilige Jahreszahl (30, 40, 70 usw.) aber auch ¼ für 25 Jahre, ½ für 50 Jahre, fünf mal die 11 (55 Jahre), goldene Buchstaben (50 Jahre) usw.

Hochzeit

Hier einige Motive, die zur grünen Hochzeit auf Einladungskarten, aber auch auf Menü- und Tischkarten zu finden sind:

- Taubenpaar
- ein Ring oder ein Paar Eheringe
- Hochzeitskleid, Schleier
- ein Brautpaar
- eine Hochzeitskutsche
- die Hochzeitsglocken.

25 Jahre später, zur Silberhochzeit werden Karten gerne mit Silberschrift beschrieben oder in silberfarbenen Tönen gehalten. Daneben finden wir zum Beispiel:

- Silberbesteck
- Silberbecher
- Silberschmuck
- Silberbarren einer Bank.

Zum 50. Hochzeitstag steht natürlich die goldene Farbe im Vordergrund. Karten auf Goldpapier, versehen mit goldenen Kordeln, beklebt mit (künstlichen) Goldbarren, Goldmünzen, Goldnuggets oder einem Lederbeutel mit Golddukaten.

Zur Anregung der Einladungsgestaltung ‚krummer' Hochzeitstage hier die Auflistung, wie diese Hochzeitstage gewöhnlich bezeichnet werden:

1.	Hochzeitstag	= Papier-Hochzeit
2.	Hochzeitstag	= Baumwolle-Hochzeit
3.	Hochzeitstag	= Leder-Hochzeit
4.	Hochzeitstag	= Seiden-Hochzeit
5.	Hochzeitstag	= Holz-Hochzeit
6.	Hochzeitstag	= Zucker-Hochzeit
7.	Hochzeitstag	= Kupfer-Hochzeit oder Wolle-Hochzeit
8.	Hochzeitstag	= Bronze-Hochzeit oder Salz-Hochzeit
9.	Hochzeitstag	= Keramik-Hochzeit oder Töpfer-Hochzeit

10.	Hochzeitstag	= Rosen-Hochzeit oder Zinn-Hochzeit (USA)
11.	Hochzeitstag	= Stahl-Hochzeit
12.	Hochzeitstag	= Leinen-Hochzeit
12 ½.	Hochzeitstag	= Petersilien-Hochzeit (zu der sich die Gäste gewöhnlich selbst einladen)
13.	Hochzeitstag	= Spitzen-Hochzeit
14.	Hochzeitstag	= Elfenbein-Hochzeit
15.	Hochzeitstag	= Kristall-Hochzeit
20.	Hochzeitstag	= Porzellan-Hochzeit
30.	Hochzeitstag	= Perlen-Hochzeit
35.	Hochzeitstag	= Korallen-Hochzeit oder Leinen-Hochzeit (USA)
37 ½.	Hochzeitstag	= Aluminium-Hochzeit
40.	Hochzeitstag	= Rubin-Hochzeit
60.	Hochzeitstag	= Diamant-Hochzeit
65.	Hochzeitstag	= Eisen-Hochzeit
67 ½.	Hochzeitstag	= Stein-Hochzeit
70.	Hochzeitstag	= Gnaden-Hochzeit
75.	Hochzeitstag	= Kronjuwelen-Hochzeit

Kirchlich bedingte Feiern

Zur Geburt oder Taufe finden sich häufig Motive wie

- eine Wiege mit Säugling,
- eine Milchflasche und Nuckel, aber auch
- das Bild einer Hebamme, und eventuell
- ein Kreuz. Und natürlich darf
- der Klapperstorch nicht vergessen werden.

Es überwiegen die Farben rosa, hellblau oder weiß.

Zur Kommunion oder Konfirmation eignet sich ein Bild des Abendmahls, die Bibel, ein Kreuz oder eine Kerze.

Wer den Namenstag feiert, wird den Namen hervorheben, und könnte seine Einladung mit einem Kalenderblatt, mit Blumen und auch mit einem Bibelbild (Bild des Namenpatrons) schmücken.

Zur Verlobung gehören Ringe, Tauben und gegebenenfalls die Bibel.

In Einladungen zu Ostern finden sich die üblichen Bilder wie Osterhase, Ostereier, Küken und Osternest, aber auch Vögel und Blumen, sowie die Bibel (Bild der Auferstehung).

Gerne werden hier sanfte, pastellfarbene Farbtöne gewählt, vorzugsweise gelb und grün.

Silvester, der letzte Tag im Jahr, muss gebührend gefeiert werden. Viele Symbole spiegeln einen kleinen Aberglauben wieder. Zu Silvester gehören natürlich

- das Glücksschwein,
- der Schornsteinfeger,
- ein vierblättriges Kleeblatt und
- ein Fliegenpilz. Natürlich auch
- die Zahlen des alten und des neuen Jahres,
- viele lustige Gesichter,
- Sekt- / Champagnerflaschen mit entsprechenden Sekt- / Champagnergläsern
- und der gute Karpfen.

Bleigieß-Artikel, Luftschlangen, Konfetti oder Luftballons könnten der Einladung beigelegt werden.

An einem schönen lauen Sommerabend eine Grillparty im Freien ... Dazu gehören Luftballons, Lampions, Fackeln, eine Lichterkette und neben dem Grill, Würste, Steaks, Holzkohle und zu guter Letzt ein Fass gut gekühltes Bier.

Käsewürfel und Trauben ...

„Schatzi, hast Du vergessen, dass wir heute Abend bei Schulzes eingeladen sind?"

„Oh nein! Das habe ich ja total vergessen. Können wir das nicht ausfallen lassen? Müssen wir da wirklich hingehen?"

„Ja, da müssen wir leider hin. Der Abend wird schon vorbeigehen. Komm, mache dich fertig."

Kommt Ihnen eine Szene dieser Art bekannt vor? Nach arbeitsreichem Tag kommt diese ‚unangenehme' Überraschung, die Sie schon längst aus dem Kopf verdrängt hatten. Aber es hilft alles nichts. Sie müssen da hin. Nebenbei sei bemerkt: Wenn Sie auf eine Einladung müssen, ist es wirklich an der Zeit zu fragen, ob Sie da tatsächlich hinwollen und müssen. Ein Besuch auf einer Einladung sollte immer freiwillig und mit gewisser Vorfreude geschehen. Dann wird auch aus diesem Anlass ein gelungenes Ereignis.

Aber ist es andererseits nicht auch verständlich? Wie oft haben Sie sich schon von Kartoffelsalat zu Kartoffelsalat gequält? Wie viele Würstchen und Käsewürfel haben Sie auf Feten schon in sich ‚reingesteckt'? Wie viele Salzletten mussten schon ‚dran glauben'?

Umso überraschter - und zwar angenehm überrascht - werden Sie sein, wenn Sie zu einem Anlass eingeladen werden, der unter einem Motto steht. Und ganz abgesehen davon - es entspricht dem Zeitgeist, eine Einladung unter ein Motto zu stellen.

Events, Events, Events ...

Karin Romswinckel

Managerin Event-Marketing
(bei der) Maritim Hotelgesellschaft

... oder darf´s ein bisschen mehr sein?

In Zeiten in denen Produkte und Dienstleistungen austauschbar werden, ist der Direktkontakt zu Kunden oder Mitarbeitern gefragter denn je. Neue erlebnisorientierte Konzepte, die aus passiven Betrachtern aktive Teilnehmer machen, sind eine hervorragende Möglichkeit um Menschen miteinander ins Gespräch zu bringen und neu zu motivieren. Die Inszenierung von Events als Kommunikationsmittel eignet sich besonders dazu, Menschen einander näher zu bringen, Produkte oder Serviceleistungen unmittelbar erlebbar und erfahrbar zu machen.

Ob Produkteinführung, Firmenjubiläum, Messepräsentation, Motivations-Seminar, Teambuilding-Maßnahmen, Lounge-Abende oder Incentives, das Wörtchen Event ist heutzutage kaum mehr wegzudenken.

Etwas Besonderes erleben, live dabei sein, das spricht den Kunden stärker an als Informationsbroschüren oder andere massenmediale Werbung.

Was macht einen erfolgreichen Event aus?

Das Synonym für „Veranstaltung" trifft bei der boomenden Event- und Erlebnisbranche kaum mehr den Kern der Bedeutung, und man differenziert die Aura dieses Begriffes in ihrem unmittelbaren Wirkungsfeld. Ein Event möchte gezielt Emotionen auslösen und die Teilnehmer positiv beeinflussen. Dahinter steckt die Erkenntnis, dass ein Kunde in unserer medienüberfluteten Zeit eine andere tiefere emotionale Beziehung zum Produkt aufbauen kann, wenn er begeistert ist. Nichts wird sich ihm besser einprägen als etwas persönlich Erlebtes, das seine Seele anrührt und ihn fasziniert. Das Geheimnis liegt in der nachhaltigen Wirkung, die ein erfolgreicher Event auszulösen vermag.

Erfolgsfaktoren

- Doch um diesen Funken zum Kunden überspringen zu lassen, sind einige Erfolgsfaktoren unerlässlich.
- Events sollten strategisch geplant werden und in jeder Hinsicht mit dem Firmenimage übereinstimmen.
- Events beinhalten eine klare Botschaft, die der Kunde mit allen Sinnen erlebt und die sich nachhaltig in seinem Gedächtnis verankert.
- Events werden von einer innovativen oder kreativen Idee geprägt und differenzieren sich dadurch deutlich von Methoden der Mitbewerber. Voraussetzung dafür ist eine genaue Stil- und Zielgruppenanalyse und Marktrecherche.
- Events sollten interaktiv sein, um Kunden sowohl untereinander als auch mit ihren jeweiligen Firmen und Vorgesetzten ins Gespräch zu bringen.
- Ein Event zeichnet sich durch die Auswahl einer passenden und erstklassigen Location aus.
- Ein Event erfordert höchstes Engagement und Leidenschaft - eines jeden Beteiligten - in allen Phasen der Vorbereitung und Durchführung.

Fazit:

Events sind kaum noch Grenzen gesetzt, vom Tête-à-Tête bis hin zum Großevent stehen alle Türen des Eventhimmels offen. Treffen Sie Ihre eigene Wahl zwischen originellen Indoorveranstaltungen in ausgefallenen Veranstaltungslocations, bei einmaligen Outdoorerlebnissen und individuell kombinierbaren Themenabenden mit attraktiven Rahmenprogrammen.

Karin Romswinckel

Motto für ein Event

Ein Nachtclub ist ein Lokal, in dem die Gäste reservierter sind als die Tische

Charlie Chaplin [Charles Spencer], brit. Schauspieler (1889 – 1977)

Ein Besuch im Moulin Rouge

Warum stellen Sie Ihre Einladung oder Ihr Buffet nicht unter ein bestimmtes Motto?

Immer häufiger wird dazu übergegangen, einen Anlass unter ein Motto zu stellen, gerade dann, wenn häufiger Veranstaltungen stattfinden oder wenn Abwechslung in den üblichen Ablauf gebracht werden soll. Bei der Wahl des Mottos sind der Fantasie kaum Grenzen gesetzt:

- Besuch im Zoo
- Besuch auf dem Bauernhof
- Gefangen hinter Gittern
- Wir fliegen ab
- Im Spielzeugladen
- Ali-Baba und die 24 Gäste
- Musik belebt die Welt
- In der Schule wackeln die Wände
- Zeitungs-Ente
- Zirkus, Manege, Clowns
- Reise durch Disney-World
- Die Feuerwehr geht ab
- Mit der Eisenbahn zur Familie xyz
- Unser Baby ist da!
- Olympiade bei uns
- Von Wien bis Paris
- Als die alten Römer kamen
- Das Dschungelbuch
- Oldtimer-Rallye
- Agent 007
- Vor 1 Million Jahren
- Im Himmel ist die Hölle los
- Paradies auf Erden
- Karneval in Rio
- Götterdämmerung
- Wie damals im Mittelalter
- Auf Burg Katzenstein
- Im Wilden Westen was Neues
- Wir feiern wie Kaisers

Hinter einigen Mottos können Sie sich bestimmt etwas vorstellen. Sie sehen Dekoration, sehen die Gäste verkleidet, und können auch Essen und Trinken nach dem Motto ausrichten. Sogar die Einladungskarte kann und soll auf das Motto ausgerichtet sein, indem sie aus einem entsprechenden Material hergestellt, nach einem bestimmten Motiv ausgeschnitten oder bemalt wurde.

Nehmen wir an, Sie laden zu einem italienischen Abend ein. Dann wird jeder Gast erwarten, entsprechende Speisen vorzufinden. Es dürfen nicht fehlen:

- Spaghetti
- Tortellini
- Pizza
- Lasagne
- Käse
- Tiramisu
- Chianti-Wein
- Eisgerichte
- große Salatschüsseln

und so weiter und so weiter.

Originellerweise würden Sie dann Ihre Einladungskarte auch italienisch ‚einfärben', indem Sie zum Beispiel ein Bild des schiefen Turms von Pisa aufdrucken, oder eine venezianische Gondel. Die Farben auf der Einladungskarte sind hauptsächlich grün, weiß und rot, was den Landesfarben entspricht.

Diese Farben können sich auf Ihrer Tafel wiederfinden. Nehmen Sie als Beispiel ein grünes Tischtuch, weißes Geschirr und rote Servietten. Wählen Sie Blumenschmuck mit roten und weißen Blüten.

Der Festraum ist geschmückt mit rot-weiß-grünen Papierbändern. Natürlich darf italienische Hintergrundmusik nicht fehlen. Schon fühlen sich Ihre Gäste nach Italien versetzt.

Nun wollen Sie noch ein Tüpfelchen oben aufsetzten, indem Sie sich etwa italienisch kleiden. Vielleicht wie ein Gondoliere? Sie können Ihren Gästen auf der Einladungskarte bereits mitteilen, wen Sie als Gäste erwarten:

- Gondoliere
- ‚typische' Touristen
- Primadonnen
- Eisverkäufer
- Casanova
- süditalienische Markfrauen
- Pizzaioli (Pizzabäcker)
- und vielleicht auch das eine oder andere Mitglied diverser Familien aus Sizilien ...

Beispiele einiger Mottos

Hier folgen Beispiele von Mottos (Motti), die ganz sicher zum Erfolg führen werden. Unter den jeweiligen Mottos sind als Anregung Ideen aufgeführt, die als Dekorationsgegenstände oder Kleidung eingesetzt werden können. Viel Spaß bei dieser kreativen Umsetzung.

Könige und Kaiser

Das Wohnzimmer ist wie ein Bankettsaal in einem Schloss dekoriert. Auf dem Tisch liegt als Tischtuch ein schwerer Brokatstoff. Dreiarmige Kerzenleuchter sind von ausladendem Pflanzen- und Blumenschmuck umrankt. Auf der Tafel sind (Schokolade-)Dukaten verteilt. Edelsteine (Glasperlen) sind in einer Glasschale dekorativ präsentiert.

Als Gäste wird alles, was Rang und Namen hat, erwartet. Da kommen neben Gräfin Dubarry und Kaiser Napoleon auch Großherzöge, Gesandte, Burggrafen, Prinzessinnen und Königinnen.

Die Gastgeber gewähren allen Gästen fürstliche Audienz bei einem Glas Champagner, während die Gastgeschenke entgegengenommen werden. Jeder Gast erhält einen wertvollen Orden erster Klasse (vielleicht nicht mehr gebrauchte Karnevalsorden?) Ein Butler ließt das auf Büttenpapier handgeschriebene Menü vor. Und mit einem lauten Fanfarenstoß wird die Tafel eröffnet. Während die Gäste ihre Plätze einnehmen, ertönt im Hintergrund klassische Musik von Spinett und Harfe.

Kinder-Karneval in Rio

Ein bunter Maskenball für Kinder! Harlekins, Clowns, Till Eulenspiegel, Cowboys und Indianer, Batman und viele andere treffen, bestens gelaunt, zum lustigen Rosenmontagszug ein. Trommelwirbel und Trompetenmusik begleiten das bunte Treiben. Jedes Kind wirft Luftschlangen und darf Bonbons essen.

Der Buffettisch ist mit einer farbigen Lackfolie bespannt, auf der, zwischen allerlei Leckereien, bunte Luftballons und viele kleine Smarties verstreut liegen. Spiele im Haus und bei entsprechendem Wetter im Freien runden das gelungene Fest ab.

In Neptuns Reich

Die Gastgeberin als Meerjungfrau verkleidet und der Gastgeber als Neptun mit Dreizack, begrüßen an der Wohnungstür die Gäste, die aussehen wie Seepferdchen, Nixen, Moby Dick, Piraten und Seeungeheuer.

Fischernetze (einen oder mehrere leere Zwiebelsäcke aufschneiden) sind von der Decke zur Wand gespannt. Im Netz hängen Muschel(-Schalen) und Seesterne.

Selbstverständlich sind die angebotenen Speisen hauptsächlich ‚Früchte', die das Wasser hergibt. Vielleicht findet sich jemand in der Bekanntschaft, der ein Kanu ausleiht, das zum Buffet umgewandelt wird?

Aus einer Schatztruhe können sich die Gäste kleine Schätze aussuchen, die zum Beispiel für Tanzspiele benutzt werden können.

Domino ‚(schwarz/weiß)'

Die benötigten Räume werden mit schwarzen und weißen Gegenständen dekoriert. Schnell werden Sie feststellen, dass nicht jedes und alles nun schwarz oder weiß sein muss, denn spätestens bei den Speisen sind einige Grenzen gesetzt.

Nehmen Sie an, das Speisenangebot ist auf Buffets hergerichtet. Die Buffets werden mit schwarzer oder weißer Lackfolie verkleidet. Schwarz, wenn das aufgestellte Geschirr weiß ist, und umgekehrt. Es soll sich ein krasser Gegensatz ergeben.

Entsprechend werden schwarz und weiß eingefärbte Blumen oder Blumenschmuck auf das Buffet gestellt bzw. gelegt. Schwarze und weiße Kerzen runden das Gesamtbild ab. Haben Sie helle Wandverkleidung, können hier schwarz/weiße Masken aufgehängt werden. Diese könnten aus Karton geschnitten und überdimensional groß sein.

Bei schwarzem Geschirr sind die Gästetische weiß eingedeckt. Es ergibt sich eine etwas ‚schauerliche' Atmosphäre. Verwenden Sie Gläser mit schwarzem Griff, ebenso wie Besteckteile mit schwarzem Griff. Die

Menükarten sind auf schwarzem Papier gedruckt und weiß beschriftet. Dasselbe gilt für die Tischkarten. Es gibt Glasmurmeln oder Glasnuggets in allen Farben. Wählen Sie hier schwarze Nuggets, die auf dem Tisch verteilt werden. Die Nuggets haben den Vorteil, dass sie durch ihre nicht-runde Form nicht vom Tisch rollen können. Auch hier gehören wieder schwarze Kerzen auf den Tisch. Quer durch den Raum sind schwarz/weiße Girlanden gezogen.

Das Personal (wenn welches zur Verfügung steht), oder Freunde, die zur Hand gehen, sind wie erwartet - schwarz/weiß eingekleidet. Für diesen Anlass könnten Sie den Hilfskräften schwarz/weiß karierte Fliegen, Krawatten, Einsteck- oder Halstücher geben. Es wäre eine sehr schöne Ergänzung, wenn an einem schwarzen oder weißen Flügel Hintergrundmusik geboten werden könnte.

Ein Wort zu den Speisen und Getränken. Ein guter Hobbykoch wird selbst viele Ideen haben, wie er an schwarze, bzw. weiße Lebensmittel kommt. Dabei darf auch leicht geschummelt werden. Es gelten auch Farben, die annähernd in diese Richtung gehen. Hier einige Beispiele, aus denen Sie sehen, dass es doch sehr viel Auswahl gibt:

Aal	Garnelenfleisch	Miesmuscheln	Schokoladen-Sauce
Aubergine	Geflügel-Fleisch	fast schwarze Paprika	Schokoladen-Waffel
Baiser	Grießbrei	Perlzwiebeln	Schokostreusel
Bananeneis	Heidelbeeren	Pfeffer schwarz bzw. weiß	Schwarz-Wurzeln
rote Beete	Hirn	Pumpernickel-Brot	Sellerie
Bircher Müsli	Hummer-Fleisch	Quark	Spargel
Blaubeeren	Kalbfleisch	Reis, Naturreis	Teigwaren
Blutwurst	Kaviar	Rettich	blaue Trauben
schwarze Bohnen	schwarze Kirsch-Konfitüre	Roggenbrot	Trüffel schwarz oder weiß
Brombeeren	Klöße	Rotkohl	Vanilleeis
Brombeer-Marmelade	Knoblauch	Sahne	Vanillestange
Champignons	Knochenmark	Salz	Weichkäse
Chinesische Morcheln	Kokosnuss-Fleisch	weiß gebundene Sauce	Yoghurt
Dominosteine schwarz / weiß	Korinthen	Schaumgebäck schwarz und weiß	Ziegenkäse
das Weiße vom Ei	Lauch	Schokolade	Zitroneneis
Fischfilet	Lychees	weiße Schokolade	Zitronensorbet
Frischkäse	Mayonnaise	Schokoladeneis	Zucker
	Mehl		
	Melonen-Fleisch		

Es genügt aber auch das ‚Wort' in dem die Farbe wieder auftaucht. Beispiele:

- Schwarzwälderkirschtorte
- Schwarzbrot
-
- Weißbrot
- Weißkohl

Einige Getränke

- Dunkelbier
- Altbier
- Milch
- Dickmilch
- Bananensaft
- Kokosnussmilch
- schwarzer Kaffee
- schwarzer Tee
- Weißwein
- Berliner Weiße
- Cola-Getränk
- Mokka

Da es auf die Dauer sehr wahrscheinlich langweilig wird, nur schwarze oder weiße Speisen zu sich zu nehmen, könnten Sie pro Gericht eine extrem leuchtende Farbe hinzunehmen. Hier eignen sich frische grüne Kräuter, Radieschen, Tomaten.

In die Dekoration können Sie auch einen Farbtupfer geben, zum Beispiel eine knallig rote Rose bei jedem Gedeck oder einen Rosenstrauß mit leuchtend roten Blüten mitten auf der Tafel.

Der Fantasie sind hier wieder wirklich keine Grenzen gesetzt!

Wenn Sie Ihre Gäste rechtzeitig auf das Motto hinweisen, werden Sie überrascht sein, wie viele Gäste versuchen werden, sich dem Motto entsprechend (hier weiß/schwarz) zu kleiden.

Übrigens:

Es gibt ja sogar schwarz malenden Lippenstift für die Damen ...

Weitere Dekorations-Anregungen

Markttag ▪ große Sonnenschirme ▪ Stiegen mit frischem Obst ▪ große Körbe mit rohem Gemüse ▪ Kartoffelsack mit Kartoffeln	***Musik-Festival*** ▪ verschiedene, auch antike Musikinstrumente ▪ Notenbücher ▪ Obstplatte wie eine Gitarre auslegen ▪ Notenständer
In Afrika ▪ typisch afrikanische Gerichte ▪ entsprechende Musikuntermalung ▪ Tierfiguren, geschnitzt aus Holz ▪ Schmuck und Kriegsgeräte von afrikanischen Stämmen ▪ afrikanischen oder afrikanisch aussehenden Koch	***Im Wilden Westen*** ▪ die einzelnen Buffet-Tische mit Holzfassaden verkleiden ▪ Kutsche ▪ Holzfässer ▪ Lasso ▪ Halfter ▪ Sattel
Exotisches Buffet ▪ Palmen ▪ Muscheln ▪ Sonnenschirmchen ▪ Buddha-Skulpturen ▪ viele exotische Früchte ▪ Rikscha ▪ Tempel-Attrappe	***Herbstwald*** ▪ Laub ▪ Äste ▪ Kastanien ▪ Baumstämme ▪ Spazierstöcke ▪ Pilze
Auf dem Bauernhof ▪ Schubkarre ▪ Milchkannen ▪ Stroh ▪ Melkschemel ▪ Arbeitsgeräte	***Im Schwarzwald*** ▪ Spezialitäten aus der dortigen Gegend ▪ Bedienungspersonal in Tracht ▪ Tannen ▪ Kuckucksuhren

Dekoration und Gestaltung

Ein Gastgeber ist wie ein Feldherr:
Erst wenn etwas schief geht, zeigt sich sein Talent

Horaz [Quintus Horatius Flaccus], röm. Dichter
(65 – 8 v. Chr.)

Gestaltungstipps für verschiedene Anlässe

Nun einige Tipps, zur Gestaltung Ihres Fests, zum Beispiel Motive für Einladungskarten die aber auch auf Menükarten passen. Dazu der eine oder andere Hinweis zur Dekoration.

Wie dekoriere ich?

Bei allen Überlegungen gehen wir davon aus, dass es nicht sinnvoll ist, alles und endlos umzugestalten. Es genügen hierzu teilweise lediglich Andeutungen der Dekoration. Ihr Gast weiß natürlich, dass er sich in einem Tagungsraum oder Restaurant oder bei Ihnen zu Hause im Wohnzimmer befindet. Bestimmte Einrichtungen und Geräte können und sollen nicht weggeräumt werden. Die dekorierten Gegenstände werden in das Gesamtbild eingefügt. So genügt es, einige große Grünpflanzen im Eingangsbereich aufzustellen, um das Bild zu erwecken: „Ich bin im Urwald."

Der Gast ist bereit, sich mit kleinen Mitteln in eine Fantasiewelt versetzen zu lassen. Dekorationselemente sollen enthalten sein:

- In der Tischdekoration
- In der Raumdekoration
- Im Programm
- Im Vorfeld, zum Beispiel durch die Einladung
- Im Gästebereich
- Im Speisen- und Getränkebereich

Beispiele hierzu:

In der Tischdekoration

- Blumenschmuck
- Besteckteile
- Gläser
- Geschirrteile
- Serviettenfarbe
- Serviettenform
- Tischkarte
- Menükarte
- Speisenkarte
- Getränkekarte
- Tisch- bzw. Tafeltuch
- sonstige Dekoration

In der Raumdekoration

- Wandbehänge
- Deckenbehänge (Girlanden, Tücher)
- Wandverkleidungen
- Stellwände
- Kulissen
- Teppich
- Bodenbelag
- Stein, Sand, Erde, Pflanzen auf dem Boden
- Pflanzen

In der Atmosphäre

- Geräuschkulisse
- Musikuntermalung
- Kapelle
- Gerüche
- Lichtquellen
- Sprache

Im Programm

- Showeinlagen
- Gesangseinlagen
- Tanz
- Vorträge
- Ausstellungen
- Tombola

Im Gästebereich

- Kopfbedeckung
- Kleidung
- Kostüme
- Verkleidung
- Schmuckelement
- Maske

Im Speisen- und Getränkebereich

- passende Getränke
- passende Aperitifs
- passende Speisen
- passendes Buffet
- passende Buffetdekoration
- passende Speisendekoration

Im Vorfeld

- Einladungen
- Raumdekoration von außen
- Werbung

Die Dekoration für das Buffet

Die Dekoration auf einem Buffet darf den angerichteten und angebotenen Speisen nicht die ‚Show stehlen'. Sie soll aber die Schönheit und das Angebot der Speisen herausheben.

Deshalb soll die Dekoration:

- zeitgerecht sein (keine Tannenzapfen im Sommer, keine Herbstblätter im Frühling)
- sachbezogen sein (bei einem Fischbuffet gerne eine Königskrabbe oder gar ein Becken mit lebenden Fischen, aber keine Jägerhüte oder ein Jagdgewehr)
- im gleichen Stil sein (also n u r Musikinstrumente, oder n u r Jagdgeräte. Nicht mischen, wie zum Beispiel einen Spazierstock, eine Autorallyemütze und eine Angel)
- unterstreichend wirken, nicht ablenkend

Die Dekoration kann den optischen Höhepunkt des Buffets ausmachen:

- Butterskulptur oder Eisskulptur
- ein großer alter Schlitten
- ausgestopftes Wild
- riesiges Blumengesteck

Eine Dekoration kann:

- aus verschiedenen, passenden Weinflaschen bestehen, um dem Gast eine Getränkeanregung zu geben
- aus großen Stücken bestehen, zum Beispiel mit Gemüsen ausgelegter Karren, Marmorfiguren
- aus brennenden Kerzen in passenden Leuchtern bestehen
- Blumenschmuck sein
- aus einer sehr großen Schauplatte mit frischem Obst oder Gemüse bestehen
- gleichzeitig auch eine Platte mit verzehrbaren Speisen sein
- ein aus Lebensmitteln gestaltetes Firmen- oder Familiensymbol darstellen
- ein Fischbecken mit lebenden Tieren sein
- ein künstlicher Wasserfall sein

Eine Dekoration soll nicht

- aus hygienischen Gründen, mit den Speisen, die für die Gäste bestimmt sind, in Berührung kommen
- überladen wirken
- verschmutzt sein
- abstoßend wirken

Kunstvoll gebrochene Servietten können ebenfalls einen Dekorationsanteil am Gesamtbild stellen. So gibt es den üblichen ‚Schwanenhals', der unter Platten gelegt werden kann.

Auch die Lotosblüte und die Seerose eignen sich bestens für Applikationen von vorn am Buffet-Tuch, als künstliche Blumenarrangements auf dem Buffet, oder als Untersatz unter Schalen und Bowlengläsern.

Einige Servietten-Formen

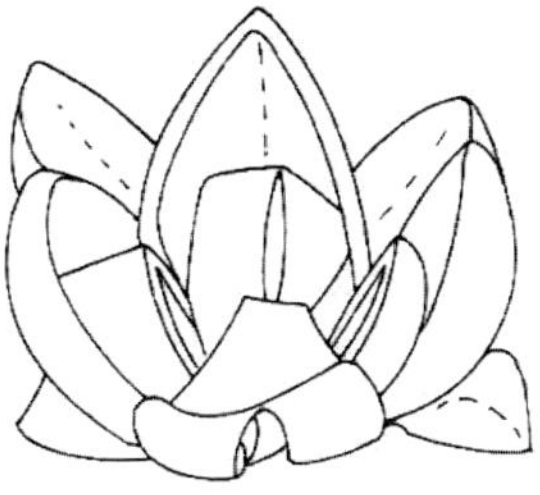

Lotosblüte

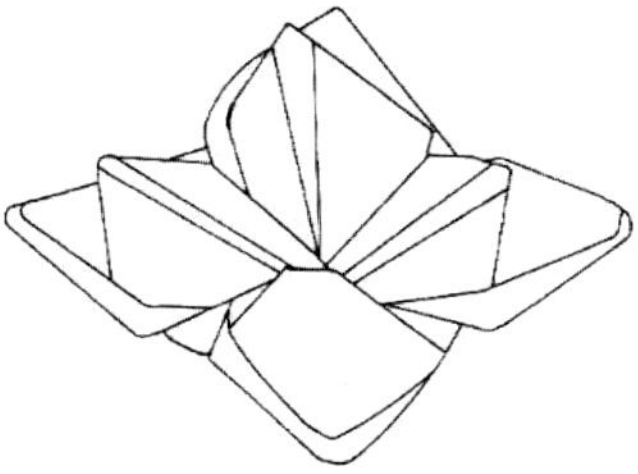

Seerose

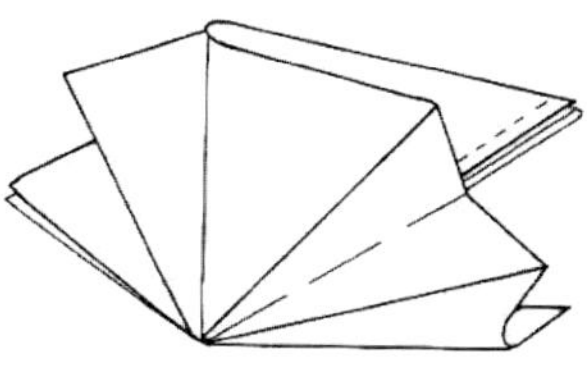

Stehender Fächer

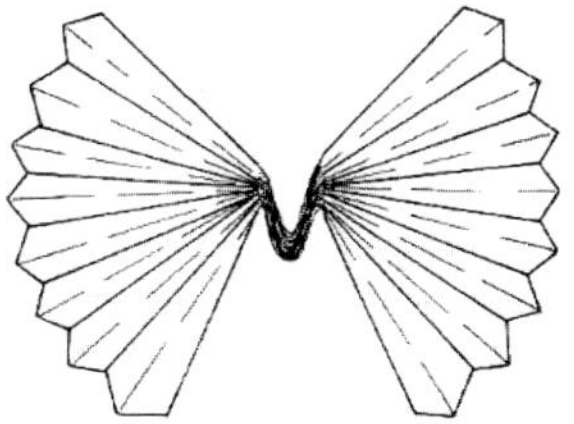

Schmetterling (flach liegend)

Ein Motto auch bei der Tisch-Dekoration

Das Motto kann sich bei der Tischdekoration wieder finden. Hier einige Anregungen:

Salzburg

Fallen Ihnen die Einzelheiten auf? Flügel – Schriftzug – Mozart-Silhouette - Noten

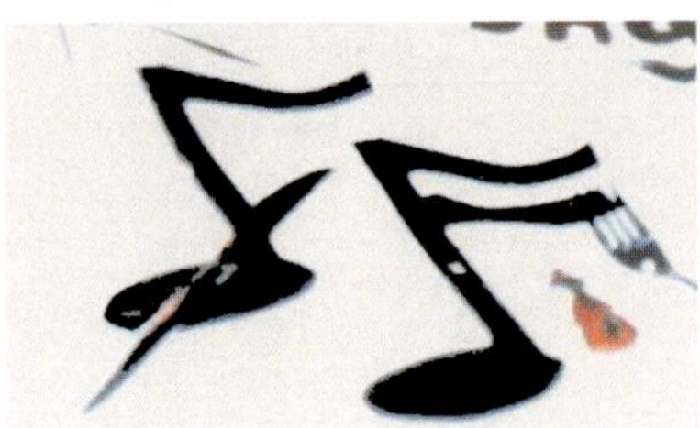

Irland

Ägypten

Asien

Mexiko

Orient

Schlaraffenland

Tischdekoration zum Mitnehmen

Das sind Kleinigkeiten, die die Gäste als Erinnerungsstücke mitnehmen können. Diese ‚Give aways' liegen unmittelbar beim oder um das Gedeck und sind eindeutig als solche erkennbar. Das heißt, die Gäste wissen, dass sie diese Dinge mitnehmen dürfen (Im Gegensatz zu den berühmten Silberlöffelchen ...).

Nehmen Sie das Beispiel Silvester. Dort könnten Sie als Dekoration zum Mitnehmen folgende Dinge auf die Tafel legen:

- kleine Tröten und andere Lärmmacher
- Knallbonbons
- bunte Hütchen
- Glücksbringer wie
  - Glücksklee
  - Glückspfennig
  - Glücksschweinchen
- Schornsteinfegerfiguren
- Bleigieß-Zubehör

Zur Dekoration können auch essbare Dinge verwendet werden. Um beim Beispiel Silvester zu bleiben: Ein kleines Marzipanschweinchen als Glücksschwein.

Nehmen Sie einen anderen Anlass und geben Ihren Gästen dort einen Schokoladentaler mit der Prägung Ihrer Heimatstadt mit.

Und nochmals zur Erinnerung: ‚Give aways' könnten identisch sein mit den Tischkarten. Holen Sie sich noch einmal unseren italienischen Abend ins Gedächtnis zurück. Hier könnten Sie als Tischkarte eine kleine Schokoladengondel einsetzen, in die die eigentliche Tischkarte gelegt wird.

Übrigens:

Erkundigungen beim Konditor einholen. Dieser kreiert ausgefallene Kleinigkeiten aus Schokolade, Zuckerguss oder Zucker, die als Tischkarte und gleichzeitig als ‚Give away' eingesetzt werden können. Und - sollte jemand seine Tischkarte aufessen - nun, dann wünschen Sie ihm einen guten Appetit.

Kinderparties

Feste für Kinder werfen zusätzliche Herausforderungen auf. Kinder feiern gerne und sind relativ leicht zufrieden zu stellende Gäste. Auf der geschriebenen Einladung neben dem Anlass, die genaue Uhrzeit, den genauen Ort, die gewünschte (strapazierfähige) Kleidung angeben.

- Kinder mögen es gerne abwechslungsreich, manchmal turbulent und laut.
  - Deshalb Platz schaffen, und Zerbrechliches zur Seite räumen.
  - Porzellangeschirr muss nicht unbedingt sein.
  - Die Nachbarn rechtzeitig informieren.
- Halten Sie in den Toiletten-Räumen viel WC-Papier bereit. Ziehen Sie den Schlüssel ab, um Einschließen zu verhindern.
- Wählen Sie eine farbenfrohe Dekoration.
- Laden Sie (oder lassen Sie einladen) nur Kinder, die vom eigenen Kind auch wirklich eingeladen werden wollen.
  - Grob gerechnet, verträgt jedes Lebensjahr einen Gast; 7 Jahre gleich 7 Gäste
  - Ungefähr gleiche Altersgruppe wählen. Maximal plus / minus 2 Jahre Altersunterschied.
- Klären Sie das Bringen und Abholen der Kinder. Überlegen Sie auch eine Sammelfahrt zum Holen oder Bringen.
- Beginnen Sie pünktlich und enden Sie pünktlich.
- Bringen Sie Wechsel durch Aktionen und schöpferische Pausen.
- Bevorzugen Sie Team- statt Einzelwettbewerb, um einen Verlierer zu vermeiden.
  - Verteilen Sie viele kleine Preise, mit denen die Kinder etwas anfangen können.
- Bieten Sie Speisen und Getränke an, die die Kinder gerne haben.
  - Nicht unbedingt: „Das ist ungesund."
- Übergeben Sie den jungen Gästen bei der Verabschiedung kleine ‚Give aways', kleine Aufmerksamkeiten zur Erinnerung.

Familienfeiern

Familienfeiern bereiten oft Kopfzerbrechen, gerade dann, wenn die Familie nicht so harmonisch funktioniert, wir gewünscht. Wer gehört zur Familie? Alle Familienangehörige, oder doch nicht? Was ist mit den Partnerinnen und Partnern der Familienangehörigen? Mögliche Lösung: Zur Familie gehören diejenigen, mit denen Sie auch üblicherweise zu tun haben, wenn nicht gerade Feste anstehen. Vermeiden Sie Intrigen und Missklang, indem Sie sich Gedanken über die Sitzordnung machen, und immer dafür sorgen, einen harmonischen Ablauf zu gewährleisten.

Vorbereitungsarbeiten

Man sollte den Gästen einen guten Trunk geben, damit sie fröhlich werden

Martin Luther, dt. Theologe und Reformator (1483 – 1546)

Erst die Arbeit, dann das Vergnügen

Je besser die Vorbereitung, umso erfolgreicher der Ablauf.

Bevor Sie einladen

- Welche Art von Event soll es werden?
- Wo und wann soll der Event stattfinden?
- Wie viele Gäste und wen wollen Sie einladen?
- Passen Ihre Gäste zusammen?

Bevor Sie loslegen

- Einladungskarten schreiben und verschicken
- Nachbarn informieren oder mit einladen
- Speisen und Getränke besorgen
- Wohin mit Ihren Haustieren?
- Wohin mit Kleinkindern?

Bevor Ihre Gäste eintreffen

- Achten Sie auf passende Beleuchtung
  - zu hell kann ungemütlich wirken
  - zu dunkel kann schnell müde machen
- Licht einschalten, Kerzen anzünden
- Musik einschalten
- Gefäß mit Wasser bereitstellen, wenn Sie Blumen erwarten
- Garderobe freihalten bzw. bereitstellen
- Genügend Geschirr, Gläser, Bestecke, Servietten und eventuell Aschenbecher bereitstellen.

Events sind so vielfältig, ...

Caroline Heuser, Bachelor of Arts in Business & Tourism

Assistant in einer Unternehmensberatung

... wie die Probleme, die bei ihrer Planung bzw. Durchführung auftreten können

Events bieten die Möglichkeit, innerhalb eines kurzen Zeitraums etwas Besonderes zu erleben. Events - künstlich geschaffen, wie das Ringfest in Köln oder natürlich, wie die Sonnenfinsternis dienen unterschiedlichen Zielsetzungen. Durch Events wird der Bekanntheitsgrad der Destination bzw. des Produkts erhöht, es wird ein bestimmtes Image gebildet.

Das Eventerlebnis ist für den Besucher als „Gesamtkunstwerk" wichtig, für den Veranstalter ist daher jedes Detail zu beachten! Welchen Nutzen soll das Event bringen? Welche Zielgruppe soll angesprochen werden? Ist die Attraktivität des Standorts wichtig oder sollte durch das Event eine „künstliche" Attraktivität geschaffen werden?

Soll ein exklusiver Besucherkreis angesprochen werden, muss etwas Besonderes, etwas Einmaliges geschaffen werden. Dem dabei oft entstehenden Interesse der Medien und der Öffentlichkeit sollte durch größtmögliche Diskretion in der Vorbereitung entgegengewirkt werden. Nur so kann sichergestellt werden, dass die Exklusivität nicht zerstört wird. Andererseits kann das Interesse der breiten Masse am Event erwünscht sein, um die Exklusivität zu unterstreichen.

Welche Location ist für das Event geeignet? Vielleicht ein romantisches Schloss für eine Hochzeit oder ein uriger Biergarten für eine Sommerparty?

Die Dekoration ist für ein Event besonders wichtig. Die Feinheiten und einzelnen Elemente werden dabei von den wenigsten Gästen wahrgenommen. Tina Kösters beschreibt diesen Punkt hervorragend mit der Aussage: „Die Gäste sehen in der Regel nicht welches Detail fehlt, aber sie nehmen wahr, dass etwas im Gesamtbild nicht stimmt."[1] Aus diesem Grund müssen die Dekorationsmaterialien (echte Blumen oder künstliche Materialien), im Vorfeld sorgfältig ausgewählt und dem Charakter des

[1] http://www.deko-fee.de

Events angepasst werden. Stuhlhussen und Kandelaber im Freien schaffen ein festliches Ambiente, wenn das Wetter mitspielt! Glimmer auf den Tischen ist schön, doch wenn es den Gästen an den Armen hängen bleibt und eventuell sogar im Essen landet, ist dies weniger wünschenswert! Die farbliche Gestaltung und Präsentation der Dekoration dient als Aushängeschild und trägt maßgeblich zum allgemeinen Wohlbefinden der Gäste bei.

Die Auswahl der Speisen und Getränke spielt ebenso eine besondere Rolle. So bestätigt Ralf Gethmann: "Es ist wichtig den Charakter des Events mit dem Essen zu unterstreichen. Hummer und Kaviar passen nicht zu einem rustikalen Weinfest - ebenso wie Käseschnittchen nicht zu einem Galadinner passen."[2]

Das Essen muss natürlich auch auf das Gesamtambiente ausgerichtet sein. Käse- und Schinkenbrötchen für eine Party sind einfach und schmecken fast jedem, sie sehen in der Sonne jedoch schnell unappetitlich aus.

Auch die Musik ist ein wesentlicher Erfolgsfaktor eines Events. Sollen die Gäste zum Tanzen animiert werden oder dient die Musik eher zur dezenten Untermalung?

Kleine Probleme und Missgeschicke können, sowohl vorab, als auch am Tag des Events passieren. Diesen kann allerdings durch ein möglichst situations-spezifisch abgestimmtes Projektmanagement vorbeugend begegnet werden. Je detaillierter und umfangreicher ein Event geplant wird, desto mehr können diese Kleinigkeiten überspielt bzw. vermieden werden.

Zusammenfassend lässt sich sagen: Das Event muss in all seinen Facetten auf das gesetzte Ziel ausgerichtet sein, um den Gästen ein unvergessliches Erlebnis - im positiven Sinne - zu bieten.

Caroline Heuser

[2] http://www.sinnesslust.gethmann.de

Teil 2 - Rund um das Buffet

Das Speisen- und Getränkeangebot in Buffetform

Größere Auswahl oder Unruhe im Raum?

Was man bei einer Diät am schnellsten verliert, ist die Geduld

Helmut Schmidt, dt. Politiker (* 1918)

Vor- und Nachteile des Buffetservices

Immer mehr im Trend: Neben dem herkömmlichen Menü setzen sich Speisenbuffets durch. Auch kann bei einem Menü mit mehreren Gängen der Buffetservice mit dem Service am Tisch kombiniert werden. Die kalten Vorspeisen könnten auf einem Buffet angerichtet sein, der Hauptgang könnte am Tisch serviert werden. Auch das Dessert lässt sich sehr gut auf einem Buffet anrichten.

Vorteile eines Buffets

Die Vorteile, einen oder zwei Gänge auf einem Buffet anzurichten sind:

- Die Gäste haben eine viel größere Auswahl innerhalb eines Ganges.
- Es lassen sich größere oder teurere Gerichte auf einem Buffet anrichten, und solche, deren individueller Service nur sehr schwierig durchzuführen wäre.
- Der Ablauf des Essens wird ungezwungener, nicht ganz so steif wie das bei einem reinen Menüservice sein könnte.
- Die Gäste kommen in Bewegung, was gut für die Verdauung sein kann.
- Die Gäste kommen auch mit jenen Gästen in Kontakt, die nicht gerade neben ihnen an der Tafel sitzen.
- Der Service wird entlastet.
- Ein Buffet ermöglicht den Gastgebern, sich intensiver um ihre Gäste zu kümmern. Diese werden es ihnen danken!
-

Nachteile eines Buffets

Nachteile können sein:

- Durch das Aufstehen vom Tisch und das Gehen zum Buffet kommt es zu einer gewissen Unruhe. Es kann zu unliebsamen Störungen bei den Sitzenden und Vorbeigehenden kommen.
- Gebrechliche und ältere Gäste können Schwierigkeiten haben, ihre Speisen selbst an den Tisch zu bringen.
- Es wird unter Umständen mehr Geschirr benötigt, da der Gast mehr als einmal zum Buffet gehen kann.
- Der Aufbau des Buffets erfordert eine längere Vorbereitungszeit und es muss ansprechend dekoriert werden.
- Das aufgebaute Buffet nimmt möglicherweise viel Platz in Anspruch, der dann anderswo fehlt.
- Es wird mehr Zeit für das Gehen zum Buffet gebraucht. Dadurch dauert das Essen etwas länger.

Gehen zum Buffet

Vor dem Gang zum Speisenbuffet legen Sie Ihre Serviette auf der Sitzfläche Ihres Stuhles ab. Tischpartner gehen gemeinsam zum Buffet. Der Ranghöhere hat den Vortritt.

Wenn Sie zum Tisch zurückkommen, stellen Sie zuerst Ihren Teller auf dem Tisch ab, dann nehmen Sie Ihre Serviette wieder auf, und nehmen Platz.

Sind Sie mit mehreren Gästen – mehr als vier - am Tisch, können Sie es so einrichten, dass immer wenigstens zwei Personen am Tisch bleiben. Einerseits vermeiden Sie unnötiges Schlangenstehen am Buffet und andererseits bleiben die am Tisch zurückgelassenen Handtaschen unter Aufsicht.

Bedienen am Buffet

Oft ist die tolle Auswahl am Buffet sehr verlockend. Wohin Sie schauen, verleiten leckere Speisen dazu, auf den Teller ‚geladen' zu werden. Aber Achtung! Die Speisen sollen miteinander harmonieren. Denken Sie an Ihren Magen, der alles verarbeiten muss.

Die richtige Zusammenstellung der Speisen am Buffet ist nicht so einfach, wie es aussehen mag. Auch die ausgewählte Menge soll noch in vernünftigem Rahmen bleiben. Nahezu als Schande kann es bezeichnet werden, wenn Gäste sich ihren Teller übermäßig voll schaufeln, dann das meiste stehen lassen, um sich neu zu bedienen.

Berücksichtigen Sie:

- Schaffen Sie sich erst einmal einen Gesamtüberblick über das Buffet und das Speisenangebot. Genießen Sie dabei auch den Gesamteindruck, den Aufbau und die Dekoration am Buffet – soweit das bei der ‚Schlacht am kalten Buffet' noch möglich ist.
  - Beachten Sie auch die Laufrichtung am Buffet.
- Sie können so oft zum Buffet gehen, um sich zu bedienen, wie Sie wollen.
  - Auch wenn nur eine bestimmte Besteckzahl eingedeckt ist, wird Ihnen in einem gut geführten Restaurant bei Bedarf sofort weiteres Besteck nachgedeckt.
- Vorgesehen ist die Reihenfolge wie in der klassischen Menüfolge.
  - Zuerst Vorspeisen, dann Hauptgerichte und schließlich Nachspeisen.
  - Sie können aber auch in einer anderen Reihenfolge vorgehen, oder zum Beispiel nur dreimal eine Vorspeise wählen.
- Buffets sind oft nach dem C-B-A – Prinzip aufgebaut. Dabei steht das
  - A für noble, aufwändig zubereitete, etwas teurere Speisen und
  - C für eher kostengünstige, leicht zuzubereitende Speisen.
  - B-Speisen liegen dazwischen.
    - Damit sich ungeübte Gäste Ihre Teller nicht ausschließlich mit Kaviar, Hummer oder Austern voll packen, sind A-Speisen gewöhnlich nicht an erster Stelle aufgebaut, sondern etwas im Hintergrund.
    - Leicht greifbar sind die klassischen Speisen, bei denen es ‚nichts ausmacht', wenn sich jemand den Magen voll schlägt.
- Bei einem korrekten Aufbau, sind zur Speise passende Dressings, Saucen, Zutaten direkt neben den Platten oder Schüsseln aufgebaut.
- Benutztes Geschirr lassen Sie am Tisch stehen, um sich am Buffet neues zu nehmen.

Übrigens:

Am Buffet nicht direkt von den Platten naschen, oder beim Frühstücks-Buffet im Stehen schon mal ein Glas Orangensaft in sich ‚kippen'.

Die klassischen Speisen- und Getränke-Buffets

Speisen-Buffets

UNO: lieber kalte Buffets als heiße Eisen

Robert Lembke, dt. Journalist und Moderator (1913 – 1989)

Das Speisen- und das Getränke-Buffet

Auf den folgenden Seiten werden unterschiedliche Speisen- und Getränke-Buffets aufgelistet, die in der Praxis häufig vorkommen. Bei allen Beispielen wird auch davon ausgegangen, dass sie in einem Unternehmen ohne all zu großen Aufwand umgesetzt werden können. Nach oben hin sind der Kreativität natürlich keinerlei Grenzen gesetzt. Aber manchmal genügt auch schon die Grundform, um Gäste, Geschäftspartner oder auch Mitarbeiter anlässlich eines Jubiläums zu beeindrucken.

Salat-Buffet

Ein beliebtes Buffet, das sehr gerne eingesetzt wird, und eine vielfältige Auswahl für Ihre Gäste bieten kann, ist das Salat-Buffet.

Gehen Sie so vor:

1. Mehrere Tische nebeneinander stellen. Bespannen. Unterbauten aufstellen, wie:
   - große Holzbalken
   - Holzbretter
   - echte(r) Schlitten
2. Untergrunddekoration aufbauen:
   - Stroh
   - Blumen
   - Tannenzweige
   - Blätter
   - Stoffe
3. Speisen aufbauen.
4. Dekoration fertig ausbauen:
   - Blumen
   - Gemüse
   - Weinflaschen
   - Obst
5. Vorlegebestecke in jede Salatschüssel geben.

Beachten Sie beim Aufbau der verschiedenen Salatschüsseln, dass ein gewisses Farbenspiel entsteht. Also keinesfalls folgende Salate nebeneinander stellen: Tomatensalat, roter Chicorée, Radieschen, Rotkrautsalat, Rote Beete. Die Farben immer wechseln.

Gern verzehrte Salate:

Rettichsalat - Radieschensalat - Gurkensalat – Tomatensalat - Grüne-Bohnen-Salat - Weiße-Bohnen-Salat - Rote-Bohnen-Salat - Grüner Salat - Maissalat - Selleriesalat – Rote-Bete-Salat - Endiviensalat - Chicoreesalat - Krautsalat – Oliven (ohne Kern) grün und schwarz - Reissalat - Nudelsalat - Russischer Salat - Eiersalat - hart gekochte Eier - Fleischsalat - Wurstsalat - Ochsenzungensalat - Fischsalat - Krabbensalat - u.a.m.

Dazu gehören verschiedene Dressings wie:

Italiendressing, Roquefortdressing, Frenchdressing, Thousand-Island-Dressing usw.

Bei einem großen Buffet Dressings immer zu den entsprechenden Speisen stellen. Bei einem kleinen Buffet werden die Dressings an einer Seite aufgestellt. Salatteller oder kleine Schale nicht vergessen!

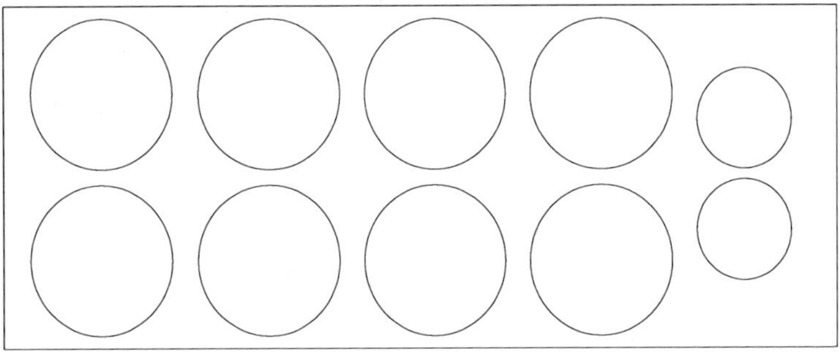

oben / hinten	Salat grün	Karotten	Mais	Gurken	Dressing
unten / vorn	Rote Bete	Sellerie	Tomaten	Bohnen	Dressing

Fisch-Buffet

Das ist ein Buffet ausschließlich (außer Beilagen) mit Fischgerichten.

Neben unzähligen Fischsalaten, warmen und kalten Fischgerichten, wird auch eine geräucherte Lachsseite aufgelegt, die dann vor den Augen der Gäste tranchiert wird. Schalen- und Krustentiere aller Art gehören auf ein Fisch-Buffet.

Vorschläge:

- Fischsuppe
- Bouillabaisse
- Fischpastete
- marinierte Heringe
- Fischgratin
- Matjesfilets
- Aal
- Graved Lachs
- Austern
- Miesmuscheln
- Muscheln in Weißwein
- St.-Jakobsmuscheln
- Krabbenpastete
- Krebse
- Garnelen
- Meeresfruchtspieße
- Fischsalate
- Tintenfischringe
- Hummer
- Langusten
- Kaisergarant
- Langostinos
- Königskrabbe
- vor den Augen der Gäste flambierte Scampi
- Deutscher Kaviar
- Russischer oder Iranischer Kaviar

Als besondere Attraktion könnte auch ein Becken mit lebenden Fischen in die Buffetdekoration eingebaut werden.

Dekoration:

Hier gibt es endlos viele Dinge, die sich gut zur Dekoration eignen. Wie gefallen Ihnen:

- große Teile von Fischerbooten
- Ruder
- Netze
- Angeln
- Seesterne
- Seeigel
- Schatztruhen
- Meereslebewesen oder gar
- eine Meerjungfrau (in diesem Fall keine echte)

Schweden-Buffet - Smörgåsbord

Ein Buffet, das typischerweise in Schweden und Finnland angetroffen wird.

Das Buffet wird in drei Teile gegliedert:

- 1 Teil mit eiskalten Speisen
- 1 Teil mit kalten Speisen
- 1 Teil mit ofenwarmen Speisen

Der Gast bedient sich beim Schweden-Buffet viermal.

- 1. mit Heringsgerichten
- 2. mit anderen Fischgerichten
- 3. mit Fleisch oder Wurst, sowie Salaten
- 4. mit warmen Gerichten

Es müssen genügend kalte und warme Teller bereitgehalten werden, um dem Gast immer wieder einen sauberen Teller bieten zu können.

<table>
<tr>
<td>Eiskalte Speisen, angerichtet auf gestoßenem Eis (1):
▪ Matjesfilets mit saurer Sauce
▪ Gurkensalat
▪ Heringssalat
▪ geräucherter Hering
▪ saurer Hering</td>
<td rowspan="2">Kalte Speisen (2):
▪ Lachs
▪ Aal
▪ Roastbeef
▪ Schinken
▪ Kalbsleberpastete
▪ Zunge
▪ Hartgekochte Eier
▪ Leberpastete
▪ Käse
▪ verschiedene schwedische Brotsorten</td>
</tr>
<tr>
<td>Ofenwarme Speisen im Wärmebad (3):
▪ Kartoffeln, Zwiebeln, Anschovis, Sahne, alles überbacken
▪ Fleischklöße
▪ im Fett gebackene Petersilie
▪ Omelette
▪ überbackener Hering</td>
</tr>
</table>

Eiskalter Aquavit o. Ä. sollte nicht fehlen.

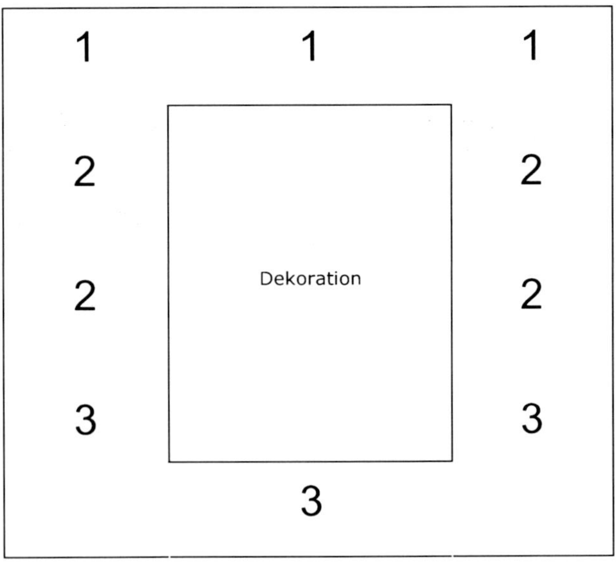

Dekorationsvorschlag:

Wäre es nicht originell, das komplette Buffet in einer Art Wikinger-Schiff aufzubauen?

Kalt-Warmes Buffet

Eine Kombination aus dem Schweden-Buffet und dem Kalten Buffet. Ein Dessert-Buffet ist in der Regel in das Kalt-Warme Buffet integriert. Beim Kalt-Warmen Buffet sind der Kreativität kaum Grenzen gesetzt, was die Speisenplatten anbelangt. Ein Buffet dieser Art kann fast zu jeder Gelegenheit angeboten werden. Es wird sich für jeden Gast etwas finden lassen. Beim Buffet werden viele Arbeitsgänge vor dem Eintreffen der Gäste erledigt werden können. Es bleibt also mehr Zeit für die Gastgeber, sich direkt ihren Gästen zu widmen.

Dekoration:

Bei der Dekoration ist ein einheitlicher Stil gewahrt. Auch hier zeigt es sich wieder, dass ein Motto, unter das der Anlass gestellt wurde, eine große Zahl Dekorationsmöglichkeiten auch für ein Buffet bietet. Eine kunstvolle Buffetbespannung hebt den Eindruck noch mehr hervor, gerade bei einem Buffet dieser Art, das mit Sicherheit längere Zeit von den Gästen in Anspruch genommen wird, und damit immer wieder positiv auffällt.

Kaltes Buffet

Auf diesem Buffet werden ausschließlich kalte Gerichte angeboten. Sobald auch nur eine warme Suppe gereicht wird, gilt es - wenn wir ganz korrekt vorgehen wollen - nicht mehr als kaltes Buffet. Kristall, feines Porzellan, Spiegel und mehr passen sehr gut auf dieses Buffet.

Einige Anregungen (als Mindestanforderung zu betrachten):

- Crevettencocktail
- Austern auf Eis
- Wachteleier
- Riesengarnelen
- gefüllte Früchtecocktails
- Räucheraal
- Graved Lachs
- Matjesfilets
- Salate aller Art
- Bündnerfleisch
- Ochsenzunge
- Ballotines
- Geflügel
- Käseplatte
- Wildpastete

Übrigens:

Erwarten Sie Besucher moslemischen bzw. jüdischen Glaubens, sollten Sie Speisen anbieten, die nicht vom Schwein stammen. Zumindest sollten solche Gerichte alternativ angeboten werden, da diese Gäste sonst aus religiösen Gründen am Buffet nicht teilhaben könnten.

Bauernbuffet

Dieses Buffet zeichnet sich durch seinen rustikalen Charakter aus. Kristallschalen und Silberplatten sind hier fehl am Platze. So genannte feine Speisen, wie Crevetten, Austern, Schildkrötensuppe (die inzwischen sowieso als Tabugericht gewertet wird), Feingebäck usw. gehören nicht auf ein Bauernbuffet. Hingegen passen sich gut in das Gesamtbild ein: Holzplatten, Keramikschüsseln, Töpferware u.a.m. Neben einem Salatbuffet richten Sie einen Abschnitt für kalte Gerichte ein, sowie einen Abschnitt für warme Gerichte und den letzten Abschnitt für die Nachspeisen.

Einige typische Gerichte für das Bauernbuffet:

- Frankfurter Rippchen, Sauerkraut, Senf
- Schinken im Brotteig
- Braten am Stück, der vor dem Gast aufgeschnitten wird
- Waadtländer Wurst
- Hauspastete
- Wurstaufschnitt-Platten
- Fleischwurstring
- Schinken roh und gekocht
- Parmaschinken
- Bündnerfleisch
- Kartoffeln
- heiße Bohnen
- heißer Mais
- heiße Karotten

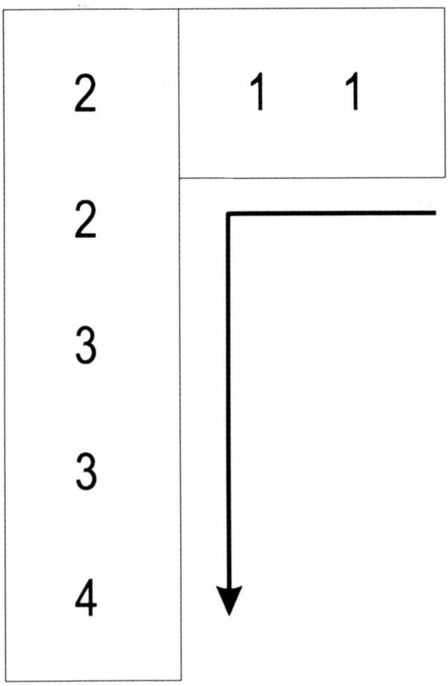

Der Pfeil gibt die Laufrichtung für die Gäste an.

1 = Salate

2 = kalte Gerichte

3 = warme Gerichte

4 = Desserts

Barbecue

Dieses Buffet ist ideal für Gartenfeste im Freien. Im geschlossenen Raum ist diese Buffet-Art weniger zu empfehlen, da hier viele Grillgerichte angeboten werden. Neben einigen Salaten finden Sie folgende Speisen:

- Mixed Grill (Lammkotelette, Würstchen, Steak, Tomate)
- Heringsspieß
- Fleischspieß
- Zigeunerspieß
- T-Bone-Steak
- Gegrillter Mais
- Schweinespeck
- Würste
- Steaks
- Koteletts
- Filets
- gegrilltes Geflügel
- Grilltomate
- Idaho-Kartoffel
- Kartoffeln in Folie
- Salate

Und so könnte ein Barbecue-Buffet aussehen:

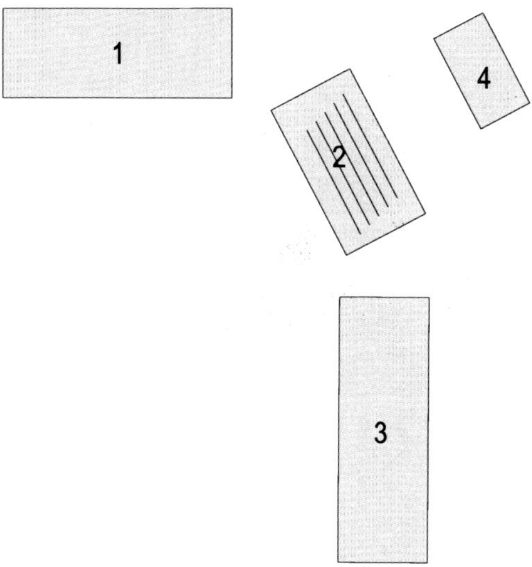

1 = Teller, Beilagen

2 = Grill

3 = Salate, Teller

4 = Mise en place

Spezielle Buffets

Tiere, die Menschen verspeisen, nennt man Bestien.
Menschen aber, die Tiere verspeisen, nennt man Feinschmecker

Werner Mitsch, dt. Aphoristiker
(* 1936)

Canapé-Buffet

Canapés sind kleine, dünn belegte Brotscheibchen, meist aus Weißbrot oder Toastbrot. Sie können rund, oval, dreieckig, quadratisch sein oder sonst eine rechteckige Form haben. Charakteristisch ist, dass der Brotbelag genau mit dem Brotrand abschließt, also nicht überhängt.

Verwendet werden verschiedene pikante Wurstsorten, Bündnerfleisch, Lachs, Crevetten, Kaviar, Spargel, Käse, Salate usw. Canapés werden ohne Besteck gegessen. Servietten, am besten Papierservietten, dürfen nicht fehlen.

Angerichtet auf Spiegelplatten

Ein besonders gefälliger optischer Eindruck wird erzeugt, wenn Sie die Canapés auf einem oder mehreren Spiegel anrichten. Die Spiegel stellen Sie an der dem Gast abgewandten Seite leicht hoch. Berücksichtigen Sie aber, dass die Spiegel nicht vom Buffet rutschen können, gerade dann, wenn große oder schwere Spiegel verwendet werden.

Das Canapé-Buffet kann sehr gut mit dem Aperitif-Buffet kombiniert werden, da die Canapés als Appetitanreger dienen können. Bei dieser Art von Buffet bleiben die Gäste üblicherweise stehen.

Zu dreiviertel leere Platten sollten gegen neu gefüllte Platten ersetzt werden. Der Gast soll nicht den Eindruck bekommen, dass er Reste aufessen muss.

Kontinentales Frühstücks-Buffet

Weshalb nicht mal zum Frühstück einladen? Bekannterweise ist das Frühstück die erste Mahlzeit des Gastes am Tag. Daher muss der Aufbau des Buffets besonders munter und freundlich wirken.

Je nach Größe bzw. Personenzahl werden mehrere Tische aneinandergestellt und kunstvoll bespannt.

Alle Speisen und Getränke werden hier aufgebaut, eventuell mit Ausnahme der warmen Getränke wir Kaffee, Tee, Kakao usw., die dem Gast dann auf Wunsch an den Tisch gebracht werden.

Eierspeisen werden in der Küche oder in einer ‚Show-Küche' - vor den Augen des Gastes - zubereitet; lediglich warme, weich gekochte oder hart gekochte Eier können in einem abgedeckten Körbchen auf dem Buffet stehen.

Teil 2 - Rund um das Buffet

Das Frühstücks-Buffet kann in drei Abschnitte unterteilt werden:

1. Abschnitt: Brot

- verschiedene Brotsorten auf Holzbrettern, jeweils eine Handserviette und ein Brotmesser
- Brotkörbchen für die Gäste
- Brotkorb mit Reservebrot
- Korb mit Brötchen
- Korb mit Croissants
- Brezel oder Laugenbrötchen
- Brett mit Portionsbrot wie Knäckebrot, Pumpernickel, Zwieback
- mit einer Serviette abgedeckter Korb mit Toastbrot, Toaster

aber auch

- (trockene) Kuchen
- Gebäck
- Kekse
- Muffins
- (jahreszeitlich bedingt) Lebkuchen

2. Abschnitt: Sonstiges und andere Lebensmittel

- Mittelteller
- Portionskonfitüre
- Portionshonig oder große Schalen mit Konfitüre und Honig
- Portionsnougat
- sonstiger Brotaufstrich
- Wurst- und Käseaufschnitt auf Platten
- Käseeckchen
- weich gekochte und hart gekochte Eier im abgedeckten Körbchen
- Eierbecher
- kalte Milch
- Streuzucker
- Cornflakes und Getreideflocken
- dazugehörende Schälchen
- Joghurt, Müsli
- Butter, Margarine, Diätmargarine
- Obst
- warme Speisen
- Sonnenblumenkerne und Pinienkerne
- Rosinen
- Nüsse
- Trockenobst

3. Abschnitt Getränke

- Saftgläser mit der Öffnung nach unten
- Saftauswahl
- Mineralwasser
- Sekt

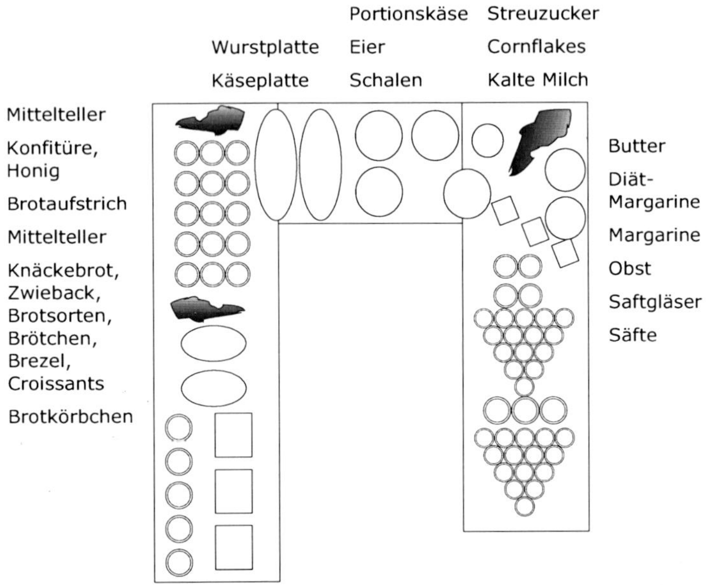

Käse-Buffet

Ein Käse-Buffet ist ein ganz spezielles Buffet, das immer häufiger angeboten wird. Im geschäftlichen wie auch im privaten Bereich wird es gerne benutzt.

Dieses Buffet ist allerdings relativ kostspielig. Aber gerade bei einem umfangreicheren Menü hilft der Käse-Gang bestens, die mögliche Strenge des Menüs aufzulockern, und die Menüfolge zeitlich auseinander zu ziehen, und somit Platz für neue Speisen im Körper zu erzielen.

Auf einem Käse-Buffet sollten möglichst alle Arten von Käse vertreten sein wie zum Beispiel:

- Extrahartkäse
- Hartkäse
- Weichkäse
- Frischkäse
- usw.,

sowie Käse aus mehreren Ländern (sofern Ihre Einladung nicht unter dem Motto eines bestimmten Landes steht). Zum Beispiel:

- Deutscher Romadur und Weißlacker
- Schweizer Appenzeller und Bergkäse
- Französischer Carré de l'Est und Munster
- Dänischer Danablu und Danbo
- Niederländischer Edamer und Gouda
- Italienischer Taleggio und Bel Paese

Auch gibt es immer wieder ansprechende Käsespezialitäten, die mit Nüssen, Mandeln, Rum oder anderen Zutaten angereichert wurden.

Hier einige Anregungen:

aufgeschnittene Käsesorten:

- St. Paulin
- Tilsiter
- Geheimratskäse
- Emmentaler
- Edamer
- Appenzeller
- Gruyère
- Gouda

Ganze Käse-Räder (Manchmal stellen Lieferanten ganze Räder leihweise zur Verfügung)

- Emmentaler
- Appenzeller
- Käse-Blocks
- Parmesan
- Sbrinz

nicht aufgeschnittener Käse:

- Camembert
- Tortenbrie
- Danablu
- Roquefort
- Vacherin

Schüsseln mit

- angemachten Frischkäsen
- Käsesalaten
- Porzellanplatte mit Mainzer Handkäse oder Harzer Roller, sowie einer Schale mit Essig-Zwiebel-Kümmel-Sauce

Portionskäse

- gewöhnliche Schmelzkäsezubereitungen verschiedener Geschmacksrichtungen
- Spezialkäse wie den Tête de Moine, der in einer besonderen Art geschnitten wird,
- oder den Englischen Stilton, dem eine oder zwei Stunden vor dem Servieren etwas Rotwein oder Sherry zugesetzt wird.

heißer Käse

- Raclette-Käse, der in einem Spezialofen oder vor Holzkohlenfeuer geschmolzen wird. Dabei wird der angeschmolzene Käse nach und nach auf einen bereitstehenden Teller abgestrichen, auf dem sich Pellkartoffeln, Silberzwiebeln (Japanperlen) und Cornichons befinden.

Auf dem Käse-Buffet stehen zusätzlich mehrere essbare Zutaten wie:

- Radieschen
- Silberzwiebeln
- Oliven
- Rettich
- Weintrauben
- Petersilie
- Rosinen
- Mandeln
- Gurken (Cornichons)
- Mandelsplitter
- Tomaten
- Pellkartoffeln
- roter Paprika

Legen Sie ausreichend Käse-Messer bereit, damit der Blauschimmel-Käse nicht mit dem selben Messer geschnitten werden muss, mit dem auch der Emmentaler geschnitten wird.

Je nach Gästezahl empfiehlt es sich, schon etwas Käse anzuschneiden, da erfahrungsgemäß das Abschneiden und Portionieren der Käse-Sorten einige Zeit in Anspruch nimmt, und der Gast sich für gewöhnlich nicht nur mit einer Sorte Käse zufrieden gibt.

Dekoration:

Wie gefällt Ihnen eine Dekoration aus:

- Käse
- Rotweinflaschen
- Flaschenkörben
- Weinfässern
- Weingläsern
- Traubenreben
- herbstlichen Motiven
- Keltern

Butter auf dem Buffet nicht vergessen, und mehrere vorgeschnittene Brotsorten.

Eis-Buffet

Im Aufbau und in der Durchführung ist dieses Buffet ziemlich schwierig umzusetzen. Die Bewunderung Ihrer Gäste über das Eis-Buffet entlohnt Sie aber ausreichend. Die große Schwierigkeit beim Eis-Buffet besteht darin, das Buffet gekühlt zu halten. Sollte es keine eingebaute Vorrichtung geben, muss improvisiert werden.

Eis aus gefrorenem Wasser lässt sich nur bedingt einsetzen, da dieses Eis relativ schnell schmelzen wird, zumal es in den Bankett-Räumen sicherlich ziemlich warm sein dürfte. Entweder Sie bauen das Buffet direkt in eine offene Eistruhe, die der Lieferant zur Verfügung stellen kann. Dabei geben Sie unten in die Truhe Styropor oder große Kartons, um eine nicht zu tief liegende Abstellfläche zu bekommen.

Oder Sie arbeiten mit Trockeneis. Die Schwierigkeit hier dürfte daran liegen, an das Trockeneis zu gelangen. Sicherlich kann Ihnen ein Eis-, Getränke- oder Fischlieferant (zum Beispiel Ihrer Kantine) weiterhelfen. Bitte beachten Sie, dass Trockeneis extrem kalt ist, und nicht direkt mit der Haut (den Fingern) in Berührung kommen darf, da sonst die Haut am Eis festkleben und schwere ‚Verbrennungen' erzeugen kann. Also mit Handschuhen arbeiten!

Aufbau:

- Zuerst einen Tisch mit Zeitungspapier auslegen,
- darauf dann Brocken von Trockeneis geben, und
- schließlich Alufolie über die Brocken legen, oder gar über das komplette Buffet spannen.

Der Aufbau ist nun soweit fertig, dass die Eisgerichte aufgestellt werden können.

Einige Anregungen:

- verschiedene Eiscoupes
- verschiedene Sorbets
- Eistorten
- Ananas, gefüllt mit Ananaseis
- Melone ausgehöhlt und gefüllt mit Meloneneis-Kügelchen, sowie Obststückchen
- Eis am Stiel, in eine Halbkugel aus Pappmaschee gesteckt
- Cassata
- (nicht essbare) Eisskulpturen
- Schüsseln mit Eiskugeln
- Eiswürfel, geschnitten aus einem Eisblock

Oberhalb des Buffets, aufgehängt an der Decke, können Sie eine Schale anbringen, in die Sie Stücke von Trockeneis legen.

Gießen Sie nun kaltes Wasser über dieses Trockeneis, dann verdampft das Trockeneis. Kalte Nebelwolken laufen aus der Schale und ergießen sich über das Eisbuffet. Ein Riesenerfolg!

Es versteht sich, dass Sie das Eisbuffet erst kurz vor Benutzung fertig aufbauen können, da sonst ganz einfach die Speisen vorher schmelzen würden.

Das bedeutet, dass Sie sich vorher den Aufbau genauestens durchdenken und überlegen, damit später beim tatsächlichen Aufbau alles sofort stimmt. Die Eisspeisen können vorbereitet sein und in der Tiefkühlung stehen.

Werden aus einem Mehr-Liter-Behälter Eiskugeln geformt und in eine Schale gegeben, muss diese Arbeit ebenfalls schnell geschehen. Das fertig angerichtete Eis schnell wieder in die Kühlung stellen. Es muss bei der Vorbereitung vermieden werden, dass das Eis anschmilzt und anschließend zusammenklebt, zumal dann eine gesundheitliche Gefährdung beim späteren Verzehr nicht ganz auszuschließen ist.

Ein Buffet mit großem Arbeitsaufwand - aber verbunden mit großem Erfolg.

Kuchen-Buffet

Das Kuchen-Buffet hingegen gilt als verhältnismäßig einfach aufzubauendes Buffet, das ausschließlich mit verschiedenen Backwaren bestückt ist.

Manchmal sind Kuchen-Buffets bereits fest eingebaut in die Einrichtung eines Gastraumes. Zum Gast zu ist es geschützt durch eine (Plexi-) Glaswand. Eine leichte Kühlung des Buffets hat sich als positiv erwiesen, obwohl die Vibrationen, die durch den Motor der Kühlung entstehen können, manchmal die Torten nach gewisser Zeit in sich zusammensacken lassen.

Einige Anregungen zur Ideen-Gebung:

- Buttercrême-Torten
- Sahne-Torten
- Pudding-Torten
- Obstböden
- Früchtetörtchen (Tartelettes)
- Rosinenkuchen
- Marmorkuchen
- Gugelhupf
- Gebäckstückchen
- Blätterteig-Stückchen
- Punschringe (Savarins)
- Crême-Schnitten
- Diätkuchen
- Berliner
- Krapfen
- Brezel
- Kekse
- Feingebäck
- Zimtkranz
- Zopf
- Baiser
- Mürbeteigtörtchen
- Florentiner
- Schuhsohlen
- heiße Waffeln
- Frankfurter Kranz
- Stollen
- Petit fours
- Streuselkuchen
- Mandelkipferl
- Amerikaner
- Windbeutel

Halten Sie frisch geschlagene Sahne bereit. Berücksichtigen Sie auch, dass die angeschnittene Torte so stehen muss, dass der Gast die Schnittstelle sieht, da er gerne wissen möchte, was im Kuchen ist.

Backwaren aus hygienischen Gründen nicht mit bloßen Händen anfassen. Immer Tortenheber oder Gebäckzangen benutzen.

Abgeschnittene Tortenstücke werden immer so auf den Teller gelegt, dass die Tortenspitze zum Gast zeigt.

Dessert-Buffet

Dieses Buffet steht als kleines Buffet oder auch gerne auf einem fahrbaren Servierwagen, dem Dessertwagen. Mit diesem Wagen fährt das Personal direkt an den Tisch des Gastes, der sich dann aus einem reichhaltigen Angebot seinen Nachtisch aussuchen kann.

Der Dessertwagen wird ständig nachgefüllt. Niemals darf der Gast den Eindruck gewinnen, das letzte Stück nehmen zu müssen. Auch müssen alle Nachspeisen stets frisch sein und einen verlockenden, appetitlichen Eindruck hinterlassen.

Ein umfangreicheres Dessert-Buffet wird gerne bei einem Kalt-Warmen Buffet mit eingebaut. Der Gast erhält somit eine große Auswahl an Nachspeisen.

Einige Anregungen:

- Eis
- Sorbets
- Crêmes
- Puddings
- Torten
- Kuchen
- Gebäckstücke
- Obst
- Obstsalat
- Käseplatte
- Mousses
- Petit fours
- Früchtebeignets mit warmer Vanillesauce
- Obstkaskade
- Baisers
- Melone ausgehöhlt, gefüllt mit Melonenstückchen, Trauben und Ananaswürfel

Nikclas
Carina

Getränke-Buffets

Ein Trinkgefäß, sobald es leer, macht keine rechte Freude mehr

Wilhelm Busch, dt. Schriftsteller (1832 – 1908)

Das Aperitif-Buffet

Das Aperitif-Buffet wird gerne aufgebaut, um Gästen vor einem (Abend-) Essen die Möglichkeit zu geben, sich zu sammeln, sich gegenseitig kennen zu lernen, und sich auf den folgenden Anlass hin einzustimmen.

Wir nehmen im folgenden Beispiel an, dass ca. 100 Gäste erwartet werden. Es soll für jeden Gast ein Glas Kir Royal gereicht werden - das ist ein Johannisbeerlikör mit Champagner aufgefüllt - oder ein Glas Orangensaft mit Champagner.

Aufbau:

Drei oder vier quadratische Tische nebeneinander stellen, so dass Sie zum Servieren noch hinter die Tische gehen können. Deshalb das Buffet nicht zu nahe an die Wand bauen. Es werden Moltons aufgelegt, anschließend das Buffet kunstvoll bespannt. Vorsichtshalber stellen Sie etwa 10 Prozent mehr Gläser auf, als Gäste erwartet werden, denn:

- es könnten überraschend mehr Gäste kommen als erwartet,
- es könnten Gläser zerspringen oder umfallen,
- es könnte Gäste geben, die mehr als ein Glas Aperitif wünschen.

Die Gläser gleich mit der Öffnung nach oben aufstellen, damit problemlos eingeschenkt werden kann, und die Gläser nicht jedes Mal erst umgedreht werden müssen.

Stellen Sie vier Sektkühler auf Mittelteller. Dazwischen legen Sie eine Serviette, die das Kondenswasser auffängt. Die Kühler werden etwa bis zur Hälfte mit Eiswürfeln oder Eis gefüllt, und erst kurz bevor die Gäste eintreffen, mit kaltem Wasser aufgegossen. Beachten Sie dabei, dass durch das spätere Hinzugeben der Sektflaschen Volumen benötigt wird.

Legen Sie über jeden Sektkühler eine Handserviette.

Eine oder mehrere Karaffen mit Orangensaft füllen. Diese Karaffen stellen Sie ebenfalls auf Mittelteller. Den Likör bereitstellen. Einige Handservietten als Reserve auf den Beistelltisch (Guéridon) legen.

Saftgläser für Kinder bereitstellen, oder für Gäste, die keinen Kir trinken möchten. Eventuell einige Snacks dazugeben, die aber auch auf benachbarten Tischchen aufgestellt werden können.

Sektkühler Saftkaraffe Sektkühler

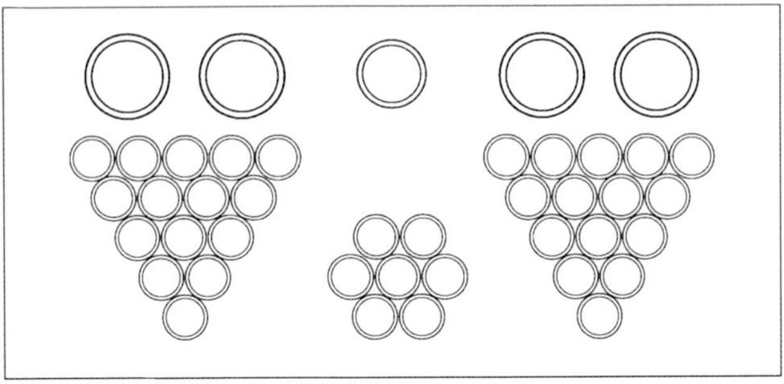

Sektgläser Saftgläser Sektgläser

Leere Flaschen nicht auf dem Buffet abstellen, sondern auf einem Beistelltischchen oder unter dem Buffet.

Sie können auf einem Aperitif-Buffet auch Getränke aufbauen, die à la carte, also nach Wunsch des Gastes bestellt werden. Hierfür benötigen Sie alkoholfreie Getränke sowie Spirituosen, um die gewünschten Mixgetränke, Cocktails, Aperitifs usw. zu mixen. Eine gute Vorbereitung ist nötig. Alle in Frage kommenden Getränke bereitstellen. Ebenso Messbecher, Shaker, Eiswürfel, Zitronen, Messer, Zucker, Garnituren usw. bereithalten.

Übrigens:

Unterscheiden Sie zwischen folgenden Sektgläsern:

- Sektkelch im Menü,
- Sektflöte beim Aperitif,
- Sektschale beim Digestif.

Dekoration:

Außer der Buffetbespannung kann auf einem Aperitif-Buffet nicht allzu viel Dekoration aufgebaut sein, schon alleine aus Gründen des zur Verfügung stehenden Platzes.

Gerne werden Kerzen aufgestellt, die aber so gestellt sein müssen, dass beim Einschenken und beim Überreichen der Gläser an die Gäste, keine Kerzen umfallen, oder Kleider angebrannt werden können.

Blumen können gestellt werden; aber auch hier so sicher stellen, dass weder der Gast noch der Bedienende um die Blumen ‚herumarbeiten' muss.

Service

Kurz bevor die Gäste eintreffen, die gekühlten Champagnerflaschen in die Sektkühler geben, bzw. je eine, maximal zwei Flaschen je Kühler. Die anderen Flaschen in einer Wanne oder einer Kiste, die ebenfalls mit Eis gefüllt ist, bereithalten. Sinnvollerweise steht diese Wanne in unmittelbarer Nähe zum Aperitif-Buffet, zum Beispiel unter ihm.

Direkt vor dem Eintreffen des ersten Gastes werden die Kerzen angezündet, und - je nach zu erwartender Anzahl der Gäste - die ersten Flaschen geöffnet.

Champagner-Buffet

Es handelt sich hier um ein Buffet mit verschiedenen Champagner-Sorten, die auch zum Offenausschank gedacht sind. Zum Beispiel in einer Hotelhalle beim Eintreffen Ihrer Gäste. Das Buffet bietet sich geradezu für eine Kombination mit Meerestieren wie Austern, Hummern und Krabben an.

Allein aus Dekorationszwecken reizt es, eine Magnumflasche oder gar eine Champagnerflasche noch größeren Volumens auf das Buffet zu stellen. Die Etiketten der Flaschen zeigen dabei zum Gast hin, damit sich dieser über das Getränkeangebot informieren kann.

Genügend Sektkühler bzw. Champagnerkühler und Eiswürfel sind bereitzuhalten; auch die Handserviette nicht vergessen!

Beim Öffnen der Champagnerflaschen den Flaschenhals niemals in Richtung auf die Gäste drehen, damit keine gravierenden Unfälle geschehen können.

Das Glas wird jeweils erst dann gefüllt, wenn der Gast an das Buffet getreten ist. Nicht vorschenken, damit die Kohlensäure des Getränkes nicht schon zu stark entwichen ist, bevor die Gäste eintreffen.

Getränke-Buffet

Ein Getränke-Buffet ist ein Buffet, auf dem mehrere Getränke bereitstehen, die während der Mahlzeiten gereicht werden. Dieses Getränke-Buffet soll eine Erleichterung für die Gastgeber sein, besonders dann, wenn keine (Wein-)Getränke vorbestellt wurden.

Beispiel eines Getränke-Buffets:

Ein Bankettessen für 500 Personen ist geplant. Mit nur einem Getränkebuffet lässt sich der Getränkeservice kaum korrekt durchführen. Daher werden mehrere kleinere Getränke-Buffets in den Räumen aufgestellt, von denen aus die Getränke abgegeben werden. Sie ersparen sich unnütze Rennereien und verkürzen die Wegstrecken.

Bauen Sie auf:

- 100 Cola-Getränke
- 100 Limonaden-Getränke
- 100 Orangensäfte
- 20 Traubensäfte
- 20 Apfelsäfte
- 40 chininhaltige Getränke (Schweppes)
- 200 Biere
- 20 Flaschen Ausschankwein rot
- 20 Flaschen Ausschankwein weiß
- 1 Flasche Gin
- 1 Flasche Whisky
- 1 Flasche Rum
- Eiswürfel
- Flaschenöffner
- Korkenzieher
- Handserviette
- Schale oder Abfalleimer für Kronkorken

Flaschenweine stehen für gewöhnlich nicht auf dem Getränkebuffet.

Achten Sie beim Aufbau der Flaschen darauf, dass alle Flaschenetiketten grundsätzlich in Richtung Gast zeigen. Alle Getränke sind vorgekühlt. Alle Getränke sind (in der Hotellerie und Gastronomie) gezählt und registriert.

Sollte das Getränke-Buffet in Sichtweite des Gastes stehen, ist auch hier auf unbedingte Ordnung zu achten, Dekoration kann eventuell aufgestellt sein. Die Buffetbespannung muss korrekt durchgeführt worden sein.

Übrigens:

Angeblich standen den Hofdamen des Hammurapi (1728 bis 1686 v. Chr., König von Babylonien) täglich drei Liter Bier zu. Die babylonischen Hohepriester bekamen immerhin 5 Liter am Tag.

Foto nächste Seite: Strawberry-Shooter. Rezept Seite 81

VERPOORTEN

Der Erfolg des Buffets

Aufbau des Buffets

Ein schönes Benehmen ist der Schmuck des Lebens,
und jeder angenehme Ausdruck hilft wundervoll von der Stelle

Balthasar Gracián y Morales, spanz. Schriftsteller (1601 – 1658)

Raumwahl für ein Buffet

Nicht oft werden Sie in der Praxis die Möglichkeit haben, unter mehreren Räumen einen geeigneten Raum zum Aufstellen eines Buffets zu finden. Aber doch kommt es vor, auch im privaten und kleinen Kreise, dass Sie sich bereits unter zwei Räumen einen günstigen Buffet-Raum aussuchen können. Zur Entscheidung trägt bei, welcher Raum am besten von der Küche aus beliefert werden kann, in welchen Raum die Gäste von ihren Sitzplätzen aus am einfachsten zum Buffet gelangen können, wie der Aufbau des Buffets an sich am praktischsten und eindrucksvollsten zu stehen kommt. Hin und wieder werden Flure, Korridore und bei geeignetem Wetter auch Terrassen als Buffet-Räume benutzt.

Grundsätzlich gilt, dass ein guter Platz für ein (Speisen-)Buffet gegenüber dem Eingang des Raums ist. Das Buffet wird vom Gast gut eingesehen, sobald dieser den Raum betritt. Und noch viel wichtiger: Die am Buffet stehenden Gäste versperren nicht den Ein- und Ausgang des Raumes.

Innerhalb des Raumes empfiehlt es sich, ein Buffet in der Nähe des Zugangs zur Küche oder zu einem Lagerraum aufzubauen, damit problemlos für schnellen, reibungslosen und störungsfreien Nachschub gesorgt werden kann.

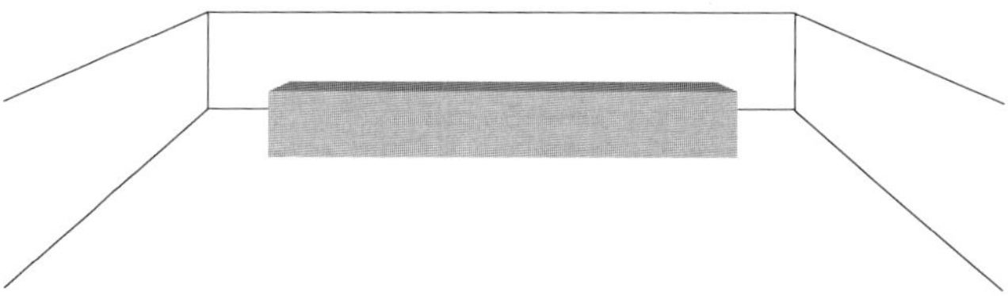

Ein Buffet im Raum, von der Eingangsseite her gesehen.

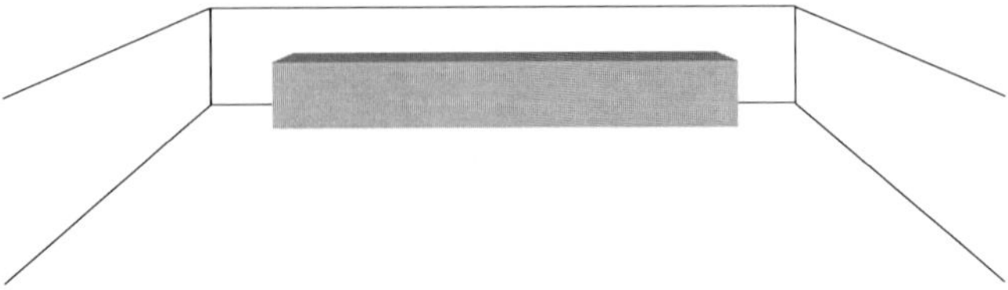

Das Buffet kann unmittelbar gegen eine Raumwand gestellt sein.

Sollte davon ausgegangen werden, dass Personal hinter dem Buffet zur Bedienung steht, muss hierfür ein genügend breiter Raum zum Durchlaufen gelassen werden.

Dieser Platz wird auch gerne benutzt, um Platten austauschen bzw. nachstellen zu können. Die sich bedienenden Gäste würden dadurch nicht gestört.

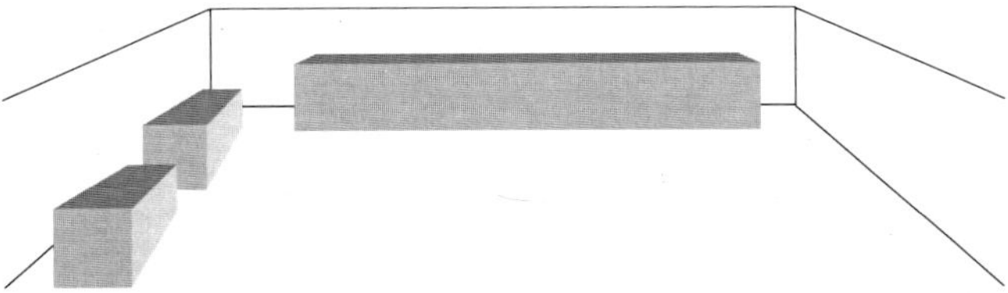

Bei größerer Gästezahl ist es gut, das Buffet in mehrere Blöcke aufzuteilen.

Die Gäste verteilen sich so leichter an den Buffet-Tischen und es kommt nicht zu den langen Wartezeiten.

Laufrichtung des Gastes

Leider viel zu oft unberücksichtigt: Die Laufrichtung des Gastes. Den wenigsten Gästen bereitet es Vergnügen, wenn sie sich erst eine Viertel Stunde die Füße in den Bauch stehen müssen, bis sie endlich an die heiß ersehnten Platten gelangen.

Deshalb: Sehr wichtig bei der Platzwahl ist die Laufrichtung des Gastes einzustufen. Die erfolgt üblicherweise von rechts nach links am Buffet entlang, da die meisten Menschen Rechtshänder sind. Sie halten dann mit der linken Hand ihren Teller und bedienen sich mit Hilfe der rechten Hand.

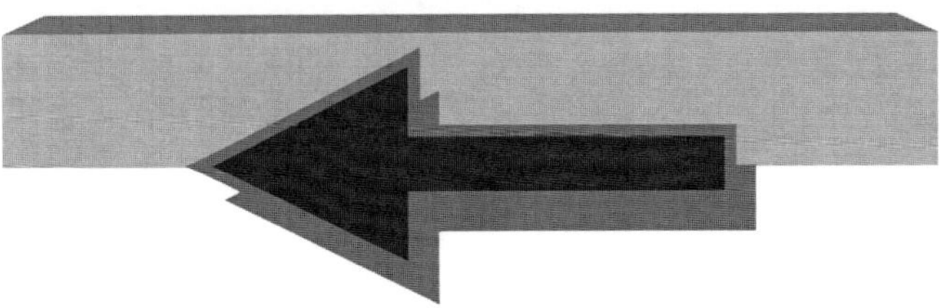

Es muss auch vermieden werden, dass sich zwei Laufrichtungen aufeinander zubewegen, um ‚Kollisionen' am Buffet zu vermeiden.

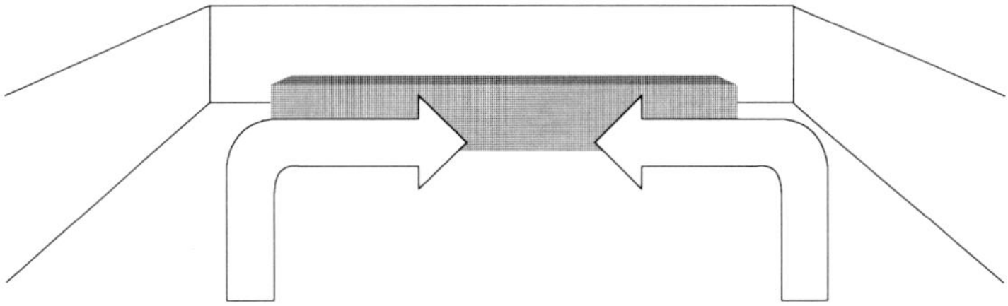

Deshalb bestimmt der Gastgeber ein ‚Anfang' und ein ‚Ende' des Buffets. Der Anfang ist die Stelle, an der die Teller aufgebaut sind, und von wo aus der Gast sich am Buffet entlang bewegt.

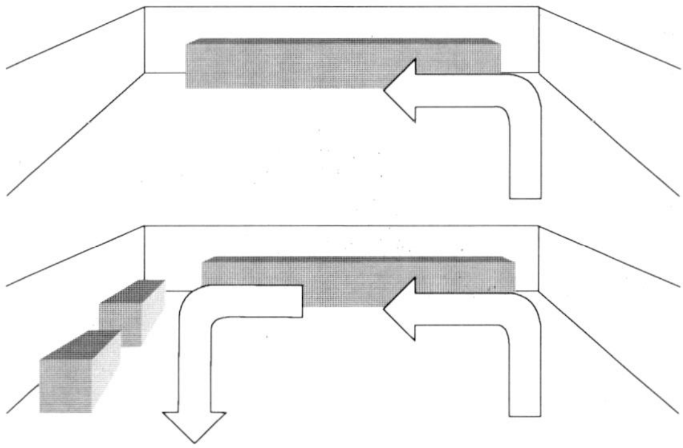

Die Gäste werden sich am Buffet aufreihen, also hintereinander aufstellen, da ein Buffet von einer vorbestimmten Seite her angelaufen wird.

Diese Laufrichtung muss bei der Planung mit einkalkuliert sein, damit die Warteschlange die Ein- bzw. Ausgänge zum Raum nicht verstellen, und schon gar nicht dann, wenn alle Gäste nach dem Bedienen am Buffet gerade durch diese Tür, etwa zum Speiseraum oder Festsaal gehen müssen.

Werden besonders viele Gäste erwartet, kann das Buffet symmetrisch aufgestellt werden, so dass sich der Gästestrom teilt.

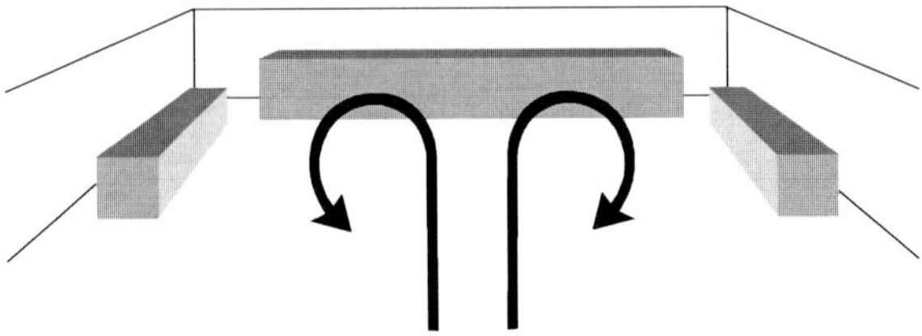

In diesem Beispiel werden alle Speisen ebenfalls symmetrisch und doppelt aufgebaut. Der Gast geht also nur an einer Hälfte des Buffets vorbei, um sich zu bedienen.

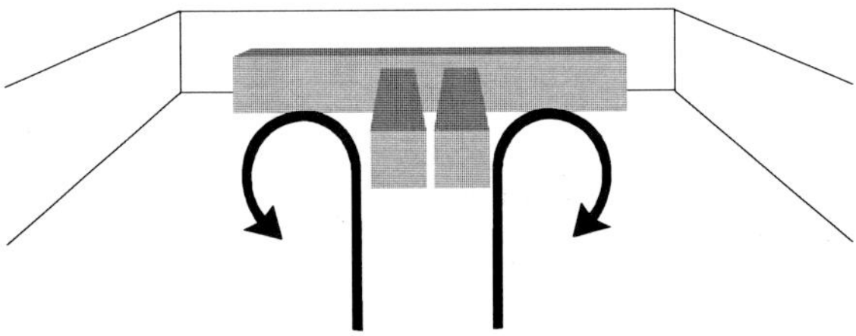

Übrigens:

Nicht jeder zeigt sich als geschickter Jongleur mit einem oder zwei Tellern in der Hand.

Tischwahl und Form des Buffets

Wahrscheinlich eignen sich alle verfügbaren Tische und Unterstellflächen als Buffet-Tische. Es müssen demnach nicht unbedingt richtige Tische benutzt werden, sondern es können Auf- bzw. Unterbauten, über zwei Tische oder Böcke gelegte Bretter, mehrere übereinander gestellte Kisten oder sonstige Behältnisse sein. Insgesamt, bei mehreren nebeneinander gestellten Gegenständen, sollte die selbe Höhe erreicht werden, damit sich ein möglichst einheitliches Gesamtbild des Grundbuffets ergibt.

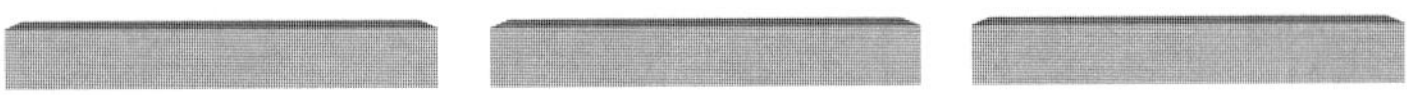

Die Gesamthöhe des Grundbuffets ist so bemessen, dass sich jeder durchschnittlich ‚gebaute' Mensch leicht bedienen kann. Als Faustregel gilt hier, die Höhe des Buffets der Höhe der Gästetische anzugleichen, eher etwas höher, aber nicht tiefer.

Weiter erweist es sich als vorteilhaft, wenn die Buffetbespannung am Boden nicht anschließt, da die Gäste hin und wieder, besonders bei tiefen Stellflächen, mit den Fußspitzen unter die Buffetbespannung geraten.

Die Tiefe des Buffets, die Stellfläche für Speisen und Dekoration darf nicht tiefer sein, als der Gast ohne Mühe greifen kann. Ist das Buffet tiefer, muss hinter dem Buffet Personal stehen, das dem Gast vorlegen kann.

Die endgültige Form des Buffets kann sich nach mehreren Gesichtspunkten richten, nämlich:

- Welche räumlichen Möglichkeiten habe ich?
- Welche Buffet-Tische stehen zur Verfügung?
- Wie viele Gäste werden erwartet?
- Welche Art von Buffet wünscht der Gastgeber bzw. der Auftraggeber?

Gerade bei längeren bzw. räumlich größeren Buffets zeigt es sich als vorteilhaft, das Buffet entweder in mehrere kleine Abschnitte zu unterteilen, oder kleine Podeste aufzubauen, um optische Reizpunkte zu erzielen.

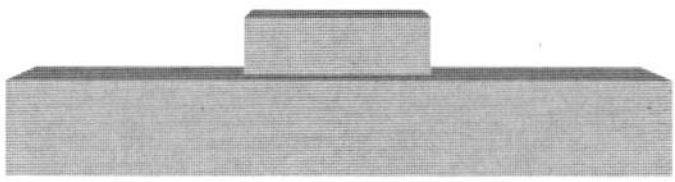

Ein kleiner Dekorationsaufbau auf einem Buffet bietet bereits einen optischen Anziehungspunkt.

Richtlinien beim Aufbau des Buffets

Folgendes gilt es zu berücksichtigen:

- Alle benutzen Tische haben die selbe Höhe.
- Die Aufbauten stehen stoßsicher.
- Moltons können untergelegt werden.
- Es ist genügend Platz für Personal hinter dem Buffet vorhanden.
- Es sind genügend Tische gestellt, so dass die Platten nicht zu eng aneinander stehen.
- Es sind nicht zu viele Tische aufgestellt, so dass sich die Platten auf dem Buffet nicht verlieren.
- Es ist kein Notausgang zugestellt.
- Die einzelnen Buffet-Tische hinterlassen einen zusammenpassenden Gesamteindruck.
- Die Speisen sind logisch aufgebaut (Reihenfolge: Vorspeisen, Hauptspeisen, Nachspeisen).
- Die ‚Mise en place' ist entsprechend gerichtet.
- Das Buffet ist einwandfrei bespannt.

Platten mit teuren oder sehr aufwändig zubereiteten Speisen (so genannten A-Speisen) werden nicht an den Anfang des Buffets gestellt, also dorthin, wo sich der Gast zuerst bedienen wird. Leider finden sich immer wieder Gäste, die sich sofort den Teller ‚voll hauen', ohne sich vom Gesamtangebot anregen zu lassen. Diese Gäste sollten sich nicht gerade mit den allerteuersten Gerichten den Bauch voll stopfen, zum Nachteil der anderen Gäste.

In Laufrichtung betrachtet, werden zuerst C-Speisen, dann B- und schließlich A-Speisen angeboten.

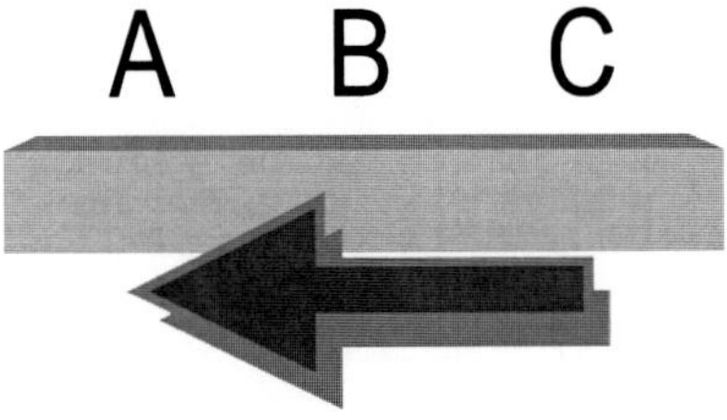

Buffet-Bespannung

Wie schade, dass so wenig Raum ist zwischen der Zeit,
wo man zu jung, und der wo man zu alt ist!

Charles-Louis Secondat, Baron de la Brède et de Montesquieu, frz. Schriftsteller (1689 – 1755)

Das Skirting

Es gibt eine Menge Möglichkeiten, ein Buffet korrekt zu bespannen. Wie das Tisch- bzw. Tafeltuch bei einer schön dekorierten Tafel, zählt das Buffet-Tuch beim Buffet zu einem maßgeblichen dekorativen Element. Neben der üblichen Tischwäsche gibt es besondere Buffet-Tücher, die entsprechend lang und breit gearbeitet sind. Greifen Sie auf übliche Tischwäsche zurück, gehen Sie wie folgt vor:

1. Staubsaugen
2. Tische zur gewünschten Buffet-Form stellen
3. Moltons auflegen
   - Moltons verhindern das Rutschen der Tischwäsche
   - saugen eventuell verschüttete Flüssigkeiten mühelos auf
   - sorgen für einen geräuscharmen Service
   - die Platten stehen weich
   - die Tischoberfläche wird geschont
4. Tischtücher auf den Tisch legen.

Mit der Bespannung immer an der, dem Eingang am weitest entfernten Stelle, beginnen.

Müssen mehrere Tücher benutzt werden, zeigt sich diese Regel als sehr wichtig. Denn immer dort, wo ein Tischtuch über das nächste zu liegen kommt, entsteht ein unschöner Spalt.

Werden die Tücher nach der oben empfohlenen Art gelegt, können diese Spalten vom Eingang her nicht gesehen werden. Es entsteht der Eindruck, das Buffet sei mit nur einem Tuch bespannt.

Zum Boden hin soll das Tischtuch nicht mit dem Teppich abschließen, sondern einen ca. 2 cm hohen Spalt lassen. Sollte ein Gast mit dem Fuß unter das Tischtuch geraten, wird er nicht die komplette Bespannung abreißen oder verschieben.

Achten Sie darauf, dass der Abschluss aller Tücher zum Boden hin möglichst gleichmäßig, also gleich hoch verläuft.

Auf der dem Gast abgewandten Tischplatte kann es zu Unregelmäßigkeiten kommen. Hier können Sie sich mit kleinen Deckservietten oder

Dekorationsgegenständen helfen, diese Unregelmäßigkeiten geschickt zu verdecken.

Das ideale, pflegeleichte und knitterfreie Buffet-Tuch ist einige Meter lang, aufgerollt und hat die gleiche Breite, wie der Tisch hoch ist. Da das Buffet-Tuch aufgerollt aufbewahrt wird, entstehen keine Brüche im Tuch. Auch lässt es sich gerollt einfach, sauber und Platz sparend lagern.

Die Buffet-Tuch-Rolle wird senkrecht an das Ende des Buffets gestellt und von dort aus abgerollt. An der Tischkante wird es mit Stecknadeln, Reißzwecken oder durchsichtigem Klebestreifen befestigt. Je nach Gewicht des Tuchs kann auch Doppelklebeband benutzt werden.

Der Vollständigkeit halber sei erwähnt, dass es fertig zu kaufende Buffetbespannungen ‚Skirtings' gibt.

Es wird auch mit Lackfolie und anderen Materialien gearbeitet, um dem Buffet eine besondere Note zu verleihen.

Ein Buffet kann selbstverständlich auch mit mehreren Tischtüchern bespannt werden. Allerdings sind diese Tischtücher in der Regel breiter, als der Tisch hoch ist. Deshalb muss ein Teil des Tischtuchs auf die Tischplatte gelegt werden, und muss dort befestigt werden.

In diesem Falle muss die Tischplatte später mit Napperons, also mit kleinen Deckservietten, verdeckt werden, damit die Klebestellen nicht zu sehen sind.

Bei runden Tischen müssen die überliegenden Enden des Tischtuchs bzw. der Tischtücher geschickt übereinander gelegt werden

In allen folgenden Fällen wird davon ausgegangen, dass mit einem einige Meter langen Buffet-Tuch gearbeitet wird, das so breit ist wie der Tisch hoch.

Buffet-Skirtings

In den folgenden Darstellungen sehen Sie links das fertige Buffet, rechts daneben die Darstellung des Blicks von oben auf die Oberkante des Skirtings.

Glatte Buffetbespannung

Z-Bespannung

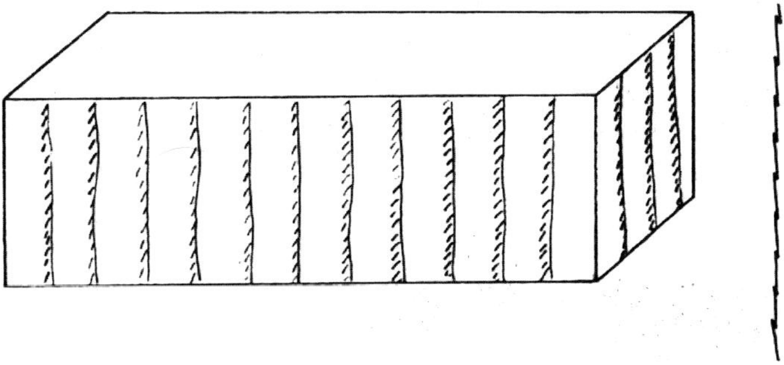

Balkenbespannung

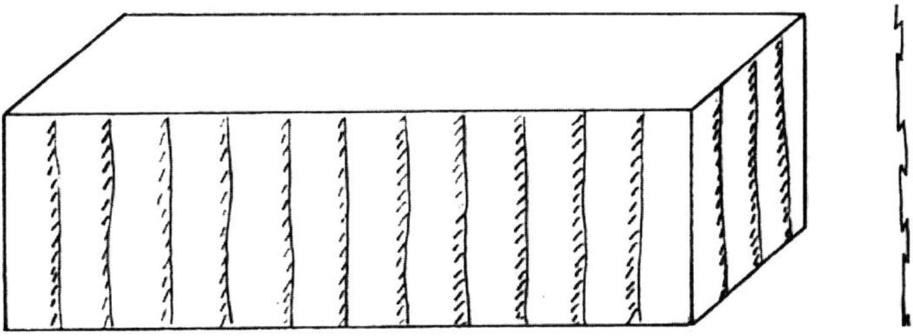

Bretterbespannung

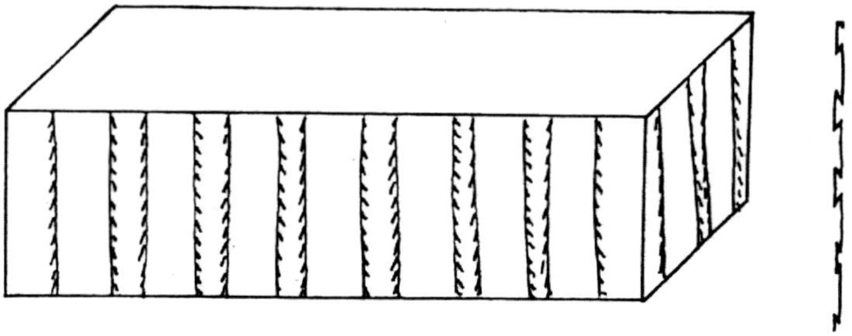

Pyramidenbespannung

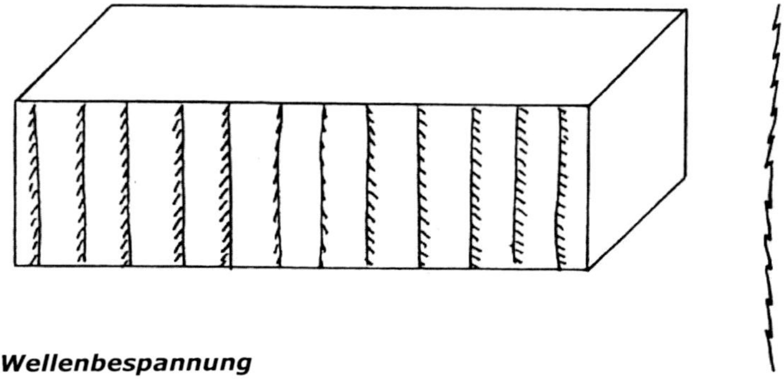

Wellenbespannung

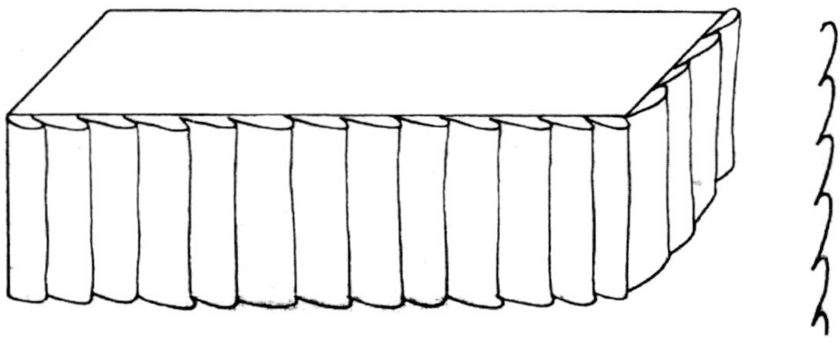

Tropfenbespannung

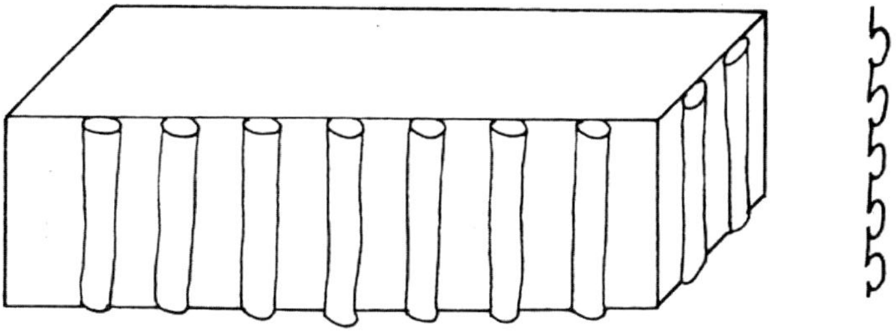

Doppelte Tropfenbespannung

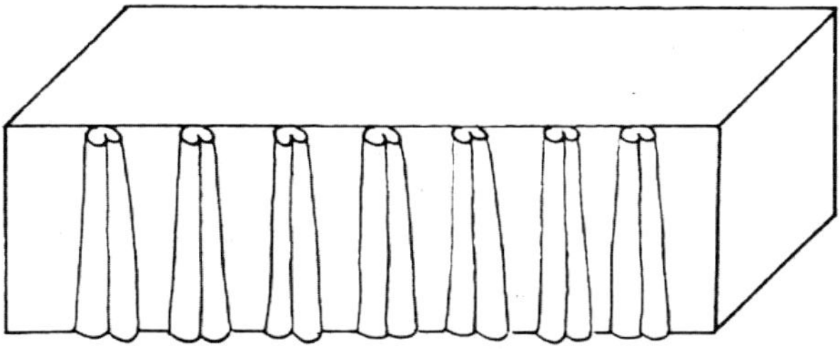

Dreifache Tropfenbespannung

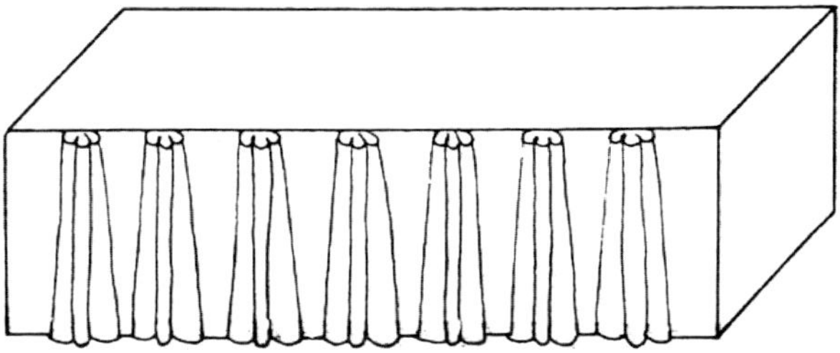
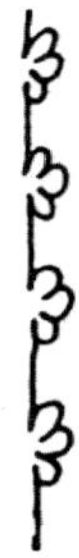

Die folgenden vier Bespannungen eignen sich gut als Hintergrundbespannungen, also zum Beispiel auf einem Buffetaufbau. Das Band muss breiter sein, als der Tisch hoch ist.

Einfache Schleppenbespannung

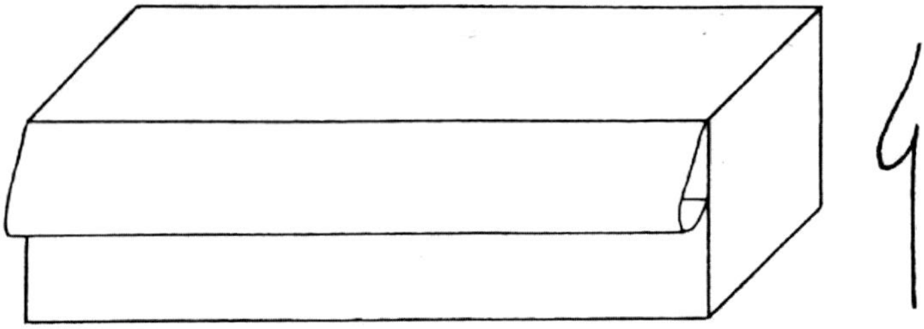

Zweifache Schleppenbespannung

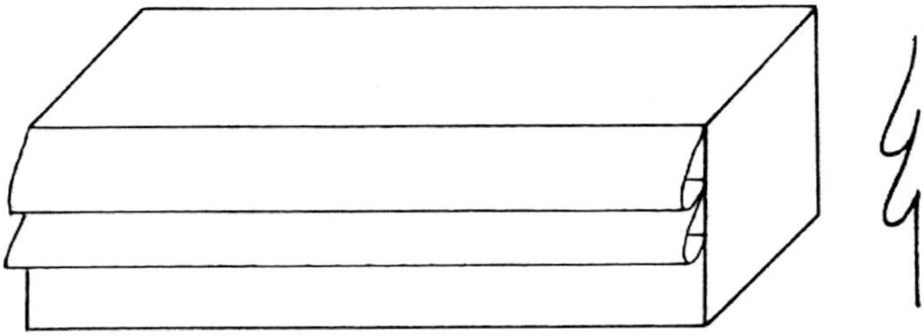

Dreifache Schleppenbespannung

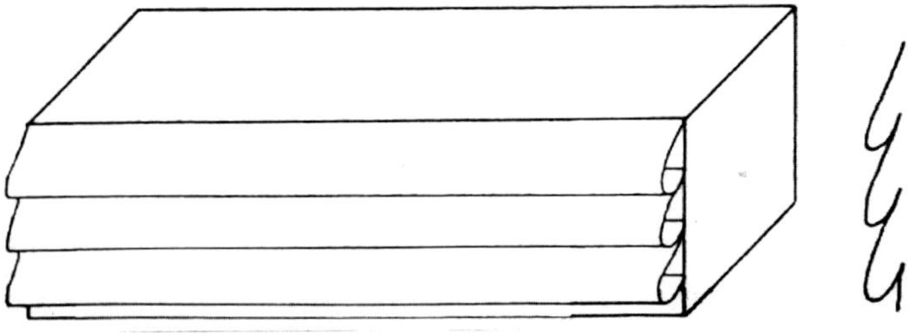

Theaterbespannung

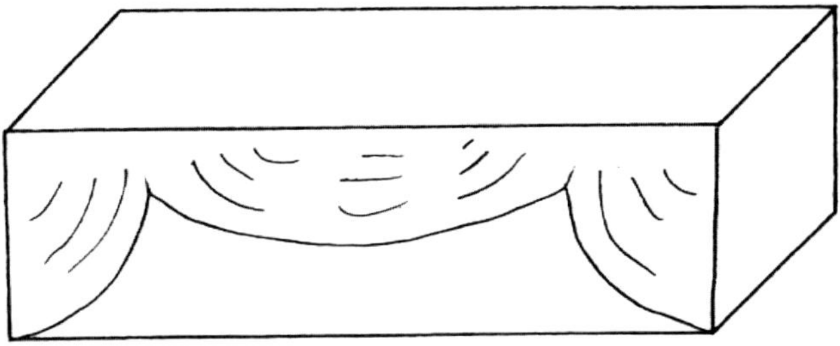

Diese Bespannung ist nur möglich mit einem leichten Buffet-Tuch, da sonst die Stecknadeln das Tuch nicht halten können. Besonders reizvoll wirkt diese Art der Buffetbespannung, wenn das Buffet vorher mit einem andersfarbigen Untergrund-Tuch bespannt wurde.

Geraffte Bespannung

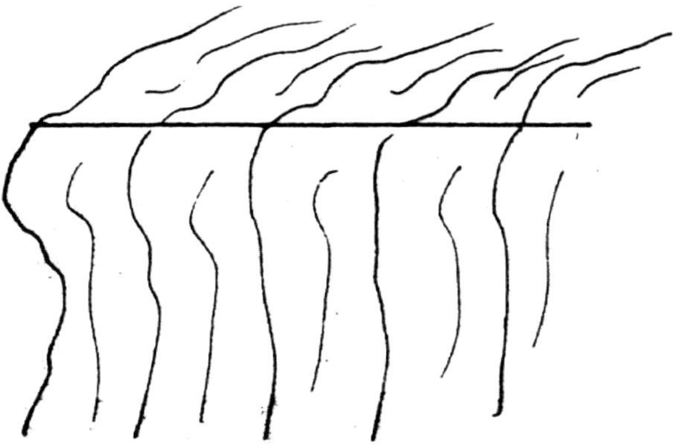

Ein viel breiteres und größeres Tuch als der Aufbau wird in vielen Falten und Wellen über den Aufbau gelegt.

Kunstvolle Buffet-Bespannung

Für ein Buffet der Länge ‚x' wird ein Buffet-Tuch benötigt, das die ungefähre Länge '4 mal x' hat.

Der Tischkante entlang wird das Tuch mit Stecknadeln angeheftet, und zwar immer so, dass - wie bei der dreifachen Tropfenbespannung - immer drei Schlaufen zusammengenommen werden.

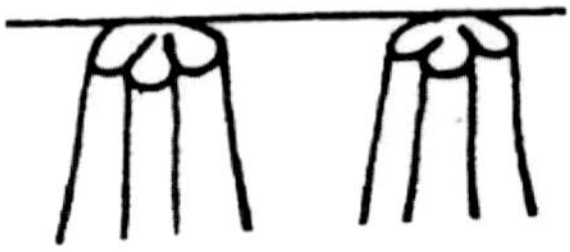

Anschließend wird jeder ‚Dreier-Strang' ca. eine Handbreit unterhalb der Oberkante zusammengeheftet.

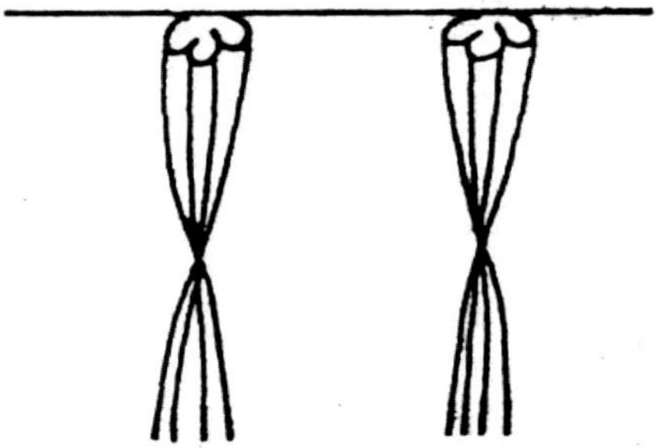

Von jeweils zwei benachbarten Strängen werden Außenwellen zusammengesteckt.

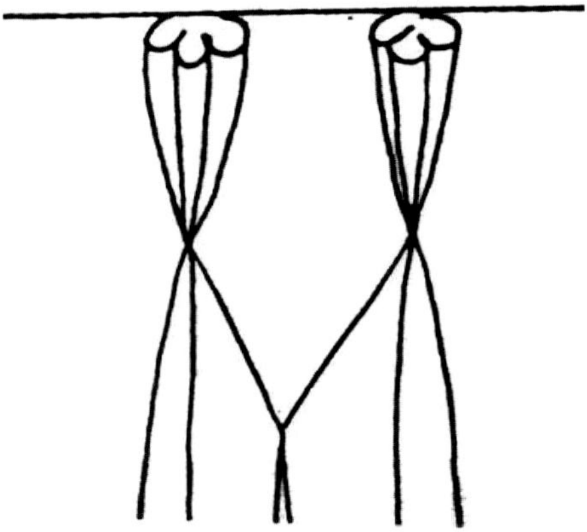

In der Mitte des Buffets anfangen, um später rechts und links einen symmetrischen Aufbau zu erhalten.

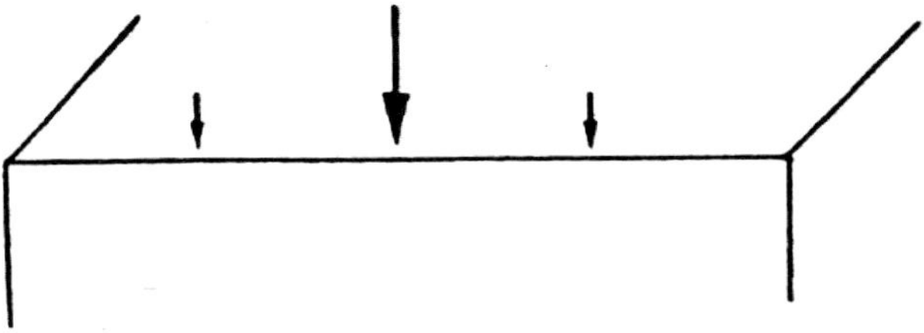

In der nächsttieferen Reihe werden die Originalstränge wieder zusammengeführt.

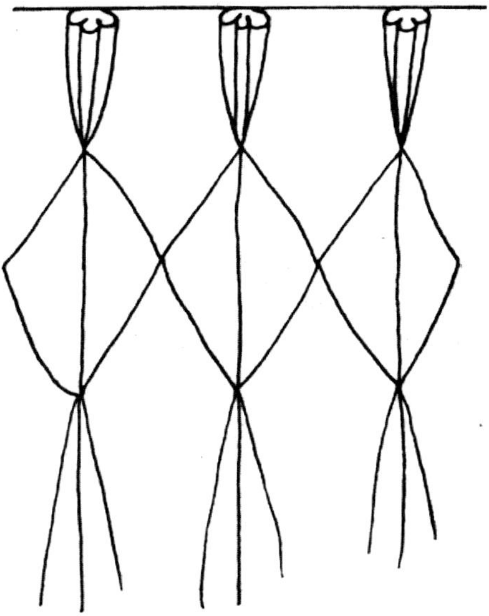

Nach diesem System wird weiter verfahren, bis ein Dreieck entsteht, das nach unten spitz zuläuft.

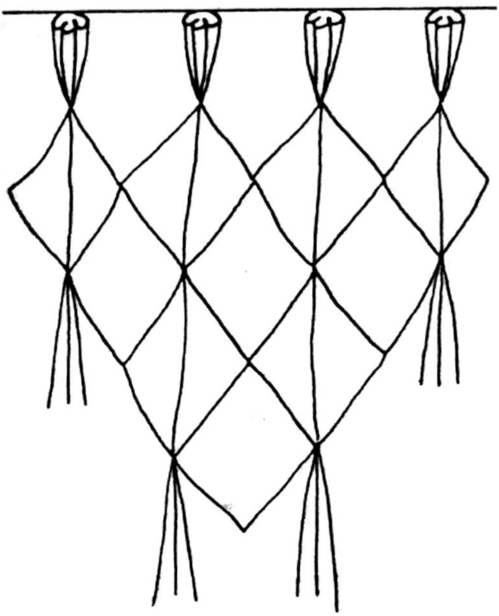

Nachdem Sie ein Dreieck erhalten haben, verfahren Sie ähnlich mit den benachbarten Strängen.

Zum Schluss können Sie bei den zuerst entstandenen Schlaufen an der Tischkante diese Schlaufen nach innen einstecken.

Fertiges Buffet

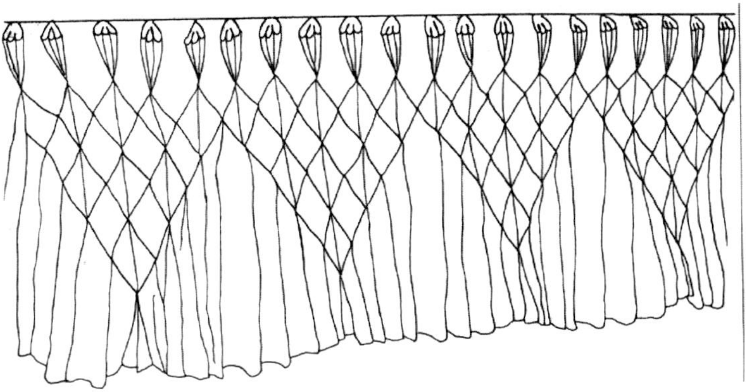

Kombinierte Bespannung

Die kunstvolle Buffetbespannung aus dem vorhergegangenen Abschnitt kann mit vielen anderen Buffetbespannungen kombiniert werden.

Hier ist die Bespannung mit der Balkenbespannung kombiniert worden.

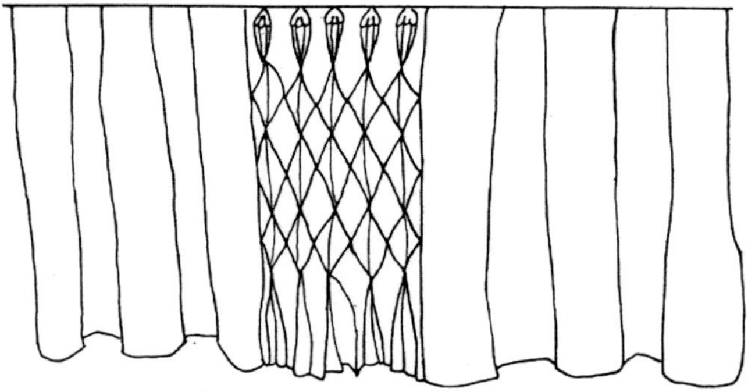

Stichwortverzeichnis

Platz für Ihre Notizen

Rezeptur Strawberry-Shooter (4 Gläser à ca. 350 ml), Abbildung Seite 60:

Zutaten: 800 g frische Erdbeeren, 50 g Puderzucker, 400 g Vollmilchjoghurt, 375 ml Verpoorten Original

Zubereitung: Erdbeeren waschen, vier große Beeren beiseite stellen. Restliche Erdbeeren putzen, vierteln und mit Puderzucker pürieren. 400 Milliliter Erdbeerpüree beiseite stellen, den Rest mit Vollmilchjoghurt und 200 Milliliter Verpoorten Original vermischen. Vier hohe Gläser bereitstellen und den restlichen Verpoorten darauf verteilen. Erdbeer-Joghurt-Mischung langsam über einen Löffel darüber schichten. In der dritten Schicht das Erdbeerpüree vorsichtig darüber geben und mit den restlichen Erdbeeren garniert servieren.

Knigge als Synonym und als Namensgeber

Umgang mit Menschen

... Wie es wohl aussehen würde, wenn jeder von den Anwesenden sich dieselbe Freiheit erlauben wollte; zum Beispiel: während der Predigt schlafen; in Konzerten zu plaudern; hinter eins Anderen Rücken einem Freunde etwas zuzuflüstern, oder ihm Winke zu geben, die Jener auf sich deuten kann; ...

Adolph Freiherr Knigge, aus dem Buch „Über den Umgang mit Menschen", 1788, (1752 – 1796)

Adolph Freiherr Knigge

Schon zu seinen Lebzeiten war Adolph Freiherr Knigge (1752 - 1796) umstritten. Knigge setzte sich durch sein energisches Eintreten für die Ziele der Aufklärung, so wie er sie verstand, scharfen Angriffen aus. Er arbeitete als Romanschriftsteller und Satiriker, sowie als politischer Schriftsteller. Er gehörte den Freimaurern an. Heute ist Knigge vor allem seines Buches wegen ‚Über den Umgang mit Menschen' (1788) bekannt. Und zwar deswegen, weil sein Werk als Etikette-Buch angesehen wird.

Das große Missverständnis

Knigge verdankt seinen heutigen Ruf und Erfolg aber einem Missverständnis. Denn: Das Werk Adolph Freiherr Knigges gilt als Etikette-Buch ersten Rangs. Allerdings beschreibt Knigge keine Regeln wie mit Besteck umzugehen ist, oder das Verhalten bei Tisch, stattdessen offenbart er eine praktische Lebensphilosophie im Umgang mit Mitmenschen. Er gibt Anleitungen und Anregungen, wie mit seinen Mitmenschen richtig umzugehen ist. Knigge hoffte damit, dass die Menschen glücklich und froh miteinander leben könnten.

Sein Buch erschien 1788 und war schon kurze Zeit in fast allen Haushalten zu finden. Über 200 Jahre lang prägte sich sein Buch im Bewusstsein der Leser als praktisches Handbuch über gutes Benehmen ein.

Knigge als Synonym und als Namensgeber

Über den Umgang mit Menschen

In drei Teilen seines Buches hat Knigge über den Umgang mit verschiedenen Menschengruppen geschrieben, zum Beispiel:

- Über den Umgang mit Leuten von verschiedenen Gemütsarten, Temperamenten und Stimmungen des Geistes und des Herzens (Erster Teil, 3. Kapitel)
- Über den Umgang mit Frauenzimmern (Zweiter Teil, 5. Kapitel)
- Über die Verhältnisse zwischen Herrn und Dienern (Zweiter Teil, 7. Kapitel)
- Über das Verhältnis zwischen Wohltätern und denen, welche Wohltaten empfangen; wie auch unter Lehrern und Schülern, Gläubigern und Schuldnern (Zweiter Teil, 10. Kapitel)
- Über den Umgang mit den Großen der Erde, mit Fürsten, Vornehmen und Reichen (Dritter Teil, 1. Kapitel)
- Über die Art, mit Tieren umzugehen (Dritter Teil, 9. Kapitel)

Knigge heute als Synonym für Umgangsformen

Obwohl es heute klar ist, dass Knigge anderes verfolgte, als was heute unter seinem Namen zu verstehen ist, soll ‚Knigge' als Synonym für den Bereich stehen, dem sich die vorliegende Buchreihe widmet.

12 Ratgeber in dieser Reihe

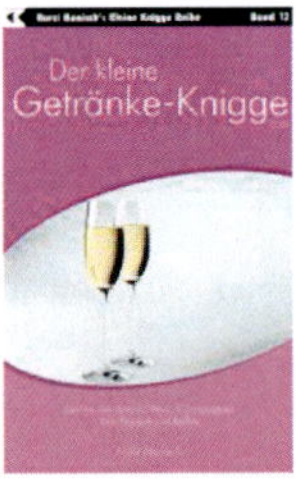

Horst Hanisch's kleine Knigge-Reihe

Der kleine
Banausen-Knigge ^{2100}
ISBN 3-8334-1300-X

Der kleine
Business-Knigge ^{2100}
ISBN 3-8334-1301-8

Der kleine
Büro-Knigge ^{2100}
ISBN 3-8334-1302-6

Der kleine
Gäste-Knigge ^{2100}
ISBN 3-8334-1303-4

Der kleine
Gesellschafts-Knigge ^{2100}
ISBN 3-8334-1304-2

Der kleine
Outfit-Knigge ^{2100}
ISBN 3-8334-1305-0

Der kleine
Auslands-Knigge ^{2100}
ISBN 3-8334-1306-9

Der kleine
Bewerbungs-Knigge ^{2100}
ISBN 3-8334-1307-7

Der kleine
Event-Knigge ^{2100}
ISBN 3-8334-1308-5

Der kleine
Gastro-Knigge ^{2100}
ISBN 3-8334-1309-3

Der kleine
Exoten-Knigge ^{2100}
ISBN 3-8334-1310-7

Der kleine
Getränke-Knigge ^{2100}
ISBN 3-8334-1311-5

Jeder Ratgeber Euro 9.70, 88 Seiten, 12x19 cm, kartoniert.

Literatur vom selben Autor

Körpersprache- und ihre Geheimnisse

Es ist schon lange kein Geheimnis mehr, dass in der zwischenmenschlichen Kommunikation die Körpersprache einen entscheidenden Einfluss nimmt. Da die Sprache des Körpers die ‚Wahrheit sagt', lassen sich aus Gesten, Mimik und Körperhaltung des Gegenübers interessante Hinweise ablesen.

Horst Hanisch, ISBN 3-8311-1033-6

Euro 17,90, 184 Seiten A4, kartoniert, ca. 290 Fotos

Knigge für junge Leute und Berufseinsteiger

Es werden zwischenmenschliche Themen besprochen, die nicht nur Jugendliche oder junge Erwachsene interessieren: Vom ersten Eindruck über Vorstellen, Mimik, Kommunikation, Berufsalltag, Küssen in der Öffentlichkeit bis hin zum Verhalten selbst zu Hause oder im Restaurant. Sicherlich wird auch ein fest im Leben stehender Leser den einen oder anderen hilfreichen Hinweis finden.

Horst Hanisch, ISBN 3-8311-4816-3

Euro 15,90, 168 Seiten, über 50 Fotos, zahlreiche Zeichnungen, Checklisten

Rhetorik ist Silber

Das Buch zeigt, was unter moderner Rhetorik zu verstehen ist.

Von der Rhetorik zur Präsentation - Die Kommunikation mit allen Sinnen - Vom einzelnen Wort bis zum zusammenhängenden Satz - Interaktion mit den Zuhörern - Kleine Zitaten-Sammlung

Horst Hanisch, ISBN 3-8330-1024-X

Euro 15,90, 224 Seiten A5, kartoniert, Zeichnungen

Moderation ist Gold

Das Buch geht auf die Bereiche Moderation, Talkrunden, Umfragen, Gesprächsführung und weitere Dialogformen ein. Es zeigt, wie eine Gesprächsrunde richtig zu leiten ist, wie Manipulationen auszuweichen ist, und wie ein zielorientiertes Ergebnis erreicht werden kann.

Horst Hanisch, ISBN 3-8330-1023-1

Euro 15,90, 224 Seiten A5, kartoniert, Zeichnungen